MUT MACHER

Aus dem Leben

Walter Stuber
& Dirk Eckart

Inhalt

Inhalt

Inhalt

Liebe Leserin, lieber Leser,

wir sind bekannt als die „verrückten Unternehmer“.
Sie halten gerade ein weiteres „Beweisstück“ dafür in den Händen.

Verrückte Unternehmer

Während andere stets darauf bedacht sind, nur Werbung in eigener Sache zu machen, geben wir seit vielen Jahren in unseren Blogs anderen Unternehmerinnen und Unternehmern eine Plattform, sich und ihr Business kostenlos vorzustellen.

Im Laufe der Zeit ist dadurch eine beträchtliche Anzahl interessanter (Lebens-) Geschichten von Geschäftsleuten unterschiedlicher Branchen zusammengekommen, die es wert sind, auch außerhalb des Internets verbreitet zu werden. In diesem Buch finden Sie eine Auswahl.

Zum größten Teil lesen Sie die Original-Beiträge, die zwischen 2016 und 2020 veröffentlicht wurden. Deshalb kann es sein, dass sich heute die Lebensumstände oder Einschätzungen der Gastautoren verändert haben. Auch manche Altersangaben sind nicht mehr aktuell. Zur besseren zeitlichen Einordnung finden Sie den Erscheinungstag jeweils am Anfang des Blogs.

Falls Sie mehr über die interessanten Unternehmerpersönlichkeiten erfahren möchten, die wir Ihnen auf den kommenden Seiten vorstellen oder mit ihnen Kontakt aufnehmen wollen, finden Sie im Anhang eine Liste mit den Homepages.

Vielleicht fragen Sie sich, warum wir uns für andere Unternehmerinnen und Unternehmer einsetzen und ihnen auf unterschiedlichen Kanälen zu mehr Reichweite verhelfen.

Wer gibt, gewinnt!

Die Antwort ist in diesem Satz zusammengefasst: Wer gibt, gewinnt!

Das ist das Motto des Unternehmernetzwerkes Business Network International (BNI), in dem wir uns seit Jahren engagieren. Aber schon bevor wir dort Mitglied wurden, war das auch der Leitsatz für unser unternehmerisches Wirken. Damit sind wir gut durch die Höhen und Tiefen der Gemeinhardt Service GmbH gekommen.

Wir wünschen Ihnen viel Gewinn und Inspiration beim Lesen!

Auf dass Sie Mut für Ihren Alltag durch diese (Lebens-)Geschichten bekommen!

Herzlichst und immer gut gerüstet Ihr

Walter Stuber und Dirk Eckart

Wetterschutzdach - Gateway Gardens Frankfurt 2019

Meine Berufung: Menschen zusammenbringen

Ein Gastbeitrag von Alexandra Anger vom 09.02.2018

Mein Vater war Busunternehmer in Potsdam. Er war viel unterwegs, hatte reichlich Arbeit und bekam selten Geschäfte, bei denen wirklich etwas hängen blieb. Wen wundert es, dass ich als Kind der Selbstständigkeit nicht viel Gutes abgewinnen konnte. Später nahm ich noch etwas wahr: Er war ein Einzelkämpfer, so wie alle anderen Unternehmer in der Gegend auch. Jeder kochte sein eigenes Süppchen und war froh, wenn er ein Stück vom (Umsatz-) Kuchen abbekam.

Offener Austausch, Unterstützung oder Empfehlungen, das gab es kaum. Es herrschte schlicht Misstrauen. So geprägt, absolvierte ich mein Betriebswirtschaftsstudium mit Schwerpunkt Tourismus, denn ich hatte fest vor, in unseren Familienbetrieb einzusteigen.

Meine Schwester bekam 2010 Kontakt zu einer Business Network International (BNI) Gruppe in Berlin. Sie war erstaunt: Hier erlebte sie Unternehmer, die nicht nur darauf bedacht waren, dass es ihnen gut ging, sondern die sich austauschten und gegenseitig unterstützten! Das hat mich auch sofort begeistert!

Nachdem ich über BNI einen Business Coach und sein Wirkungsfeld kennenlernte, entschied ich mich 2013, das Familienunternehmen zu verlassen und zukünftig auch im Bereich Business Coaching zu arbeiten. Allerdings war dieses Fachgebiet in den beiden damals bestehenden Unternehmerteams in Potsdam schon vorhanden. Deshalb wurde ich Mitglied in Berlin.

Aufgrund meines Engagements beim Einladen von Besuchern wurde ich ins Team der Partnerdirektoren nach Berlin berufen, um dort neue Unternehmerteams aufzubauen. Als ich damit in Berlin begann, wurde

Neue "Berufung"

mir deutlich, dass mein Wirkungsfeld meine Heimat ist: Potsdam.
Neben meiner Tätigkeit im Business Coaching habe ich zwei Unternehmergruppen in Potsdam und Brandenburg/Havel aufgebaut. Das war die Voraussetzung dafür, dass ich zusammen mit meinem Mann in diesem Jahr diese Region als Direktorin übernehmen konnte. Seit September ist das nun meine Haupttätigkeit und meine "Berufung".

Höchste Priorität: Menschen zusammenbringen

Es ist eine große Fläche, die wir betreuen. Allerdings gibt es hier nur 750 000 Einwohner. Ich habe mir vorgenommen, die Zahl der Mitglieder in unserem Bereich zu steigern, damit das Netzwerk weiter gespannt und die Zusammenarbeit für die Unternehmer noch attraktiver wird. Ein weiterer Schwerpunkt meines Engagements liegt darin, schon im Aufbau von neuen Gruppen zu überlegen, welche Fachgebiete zusammenpassen um als Kompetenz-Team auftreten zu können. Zum Beispiel für Veranstaltungen: Fotograf, Werbeagentur und Eventausrichter bieten gemeinsam ein Komplettpaket an.
Höchste Priorität hat für mich das Zusammenbringen von Menschen, die offen sind für neue Ideen und bei denen nicht sofort die Frage im Vordergrund steht: Was bringt mir das? Viele haben Angst, dass sie zu wenig Umsatz machen, wenn sie andere weiterempfehlen. Ich sage dagegen: Der Markt ist groß! Es ist genug für alle da, wenn wir uns absprechen und jeder den Part übernimmt, in dem er oder sie Spezialist ist!

Jeder ist willkommen

Vielerorts herrscht immer noch viel Misstrauen, das teils seit Generationen "gepflegt" wird! Deshalb ist der Gedanke des "Miteinanders" schwer zu vermitteln. Manchmal habe ich den Eindruck, dass viele gar nicht mehr wissen, warum sie nicht mit dem anderen zusammenarbeiten! Es ist eine vererbte Familientradition, die nicht hinterfragt wird. Ich trete dafür ein, diese alten Vorurteile zu überwinden.
Ich biete eine Plattform, bei der Menschen miteinander ins Gespräch kommen können. Das ist das beste Mittel um Vorurteile abzubauen, sich neu kennenzulernen. Das ist die Basis, um wieder miteinander gute Geschäfte machen zu können. In unseren Gruppen wird jeder Gast herzlich willkommen geheißen und hat die Chance, neue Kontakte zu knüpfen.

Familie und Beruf

Meine noch junge Arbeit als Exekutivdirektor ist für mich ein echter Glücksgriff. Zum einen kann ich meine Berufung leben und zum anderen kommt meine freiberufliche Tätigkeit mit (fast) freier Zeiteinteilung

meiner Familie sehr zugute!
Unsere 7 und 10 Jahre alten Kinder wissen es zu schätzen, dass die zwei Stunden Fahrzeit zu meiner früheren Arbeitsstelle in Berlin wegfallen. Dadurch bin ich – trotz der vielen Arbeit – zu Hause präsenter. Aber ohne die Unterstützung meines Mannes, der auch im BNI engagiert ist, und die der Großeltern, wäre der Alltag nicht so leicht zu stemmen.

Die nächste Unternehmergeneration

Besonders unsere große Tochter nimmt sehr bewusst wahr, dass ich jetzt selbstständig tätig bin. Das wurde durch einen Aufsatz deutlich, den sie in der Schule schreiben sollte. Sie musste sich in ihre berufliche Zukunft hineinversetzen. Sie beschrieb darin, dass sie morgens wach werden und feststellen würde, dass sie verschlafen hatte. Dann wurde ihr aber schnell klar, dass das ja gar nicht so schlimm war, denn sie war ja selbstständig tätig und konnte sich ihre Zeit selbst einteilen.
Ich musste über ihre Ausführungen schmunzeln und gleichzeitig war ich sehr froh! Denn im Gegensatz zu mir, die die Selbstständigkeit des Vaters früher eher als Belastung für die Familie erlebt hat, scheint sie ein positives Bild davon zu haben. Das gibt mir Auftrieb für mein weiteres Engagement als Exekutivdirektor.

Die Reise in das mächtigste Tal der Erde

Ein Gastbeitrag von Andreas Buhr vom 03.03.2020

Auf dem Gelände von Google steht die Nachbildung eines T-Rex. "Stan", wie er liebevoll von den Mitarbeitern bei Google genannt wird, soll daran erinnern, dass der Dinosaurier einst das mächtigste Lebewesen auf der Erde gewesen ist. Hm: Ob es Google wohl in 20, 30 oder 50 Jahren noch geben wird?

Mit 60 Unternehmern machten wir uns auf in das mächtigste Tal der Erde, das Silicon Valley.

Eine Woche voller Inspiration, Start-Up-Spirit und interessanter Vorträge bei Unternehmen wie Google, Zoom, Linked-IN und Salesforce haben uns sehr fasziniert. Die Entwicklung ist schlichtweg beeindruckend.

Vor der Reise versprachen wir unseren Teilnehmern, dass sie sehen würden, wie die besten Teams der Welt geführt werden. Doch diese Reise übertraf selbst hier unsere Erwartungen. Zusätzlich zu den besten Teams der Welt, trafen wir an den Universitäten Stanford und Berkeley heranwachsende Gründer und Unternehmer. Junge Teams, die durch die richtige DNA schon früh auf den Weg gebracht wurden, mit Mut und Gestalterkraft ihre Ideen unternehmerisch umzusetzen.

Wieso geht "Gründen im Silicon Valley" anders?

1. Die rasant wachsenden Unternehmen im Silicon Valley stellen sich zuallererst die Frage, wie sie die Probleme ihrer Kunden lösen kön-

nen, und zwar, indem sie ihren Mitarbeitern ein Umfeld schaffen, in dem sie selbst wachsen können! Als Unternehmer haben wir 2 Kunden: den Kunden selbst und unsere Mitarbeiter!

2. In den USA ist der bürokratische Aufwand an vielen Stellen geringer als in Deutschland. Das bedeutet auch, dass Unternehmer dort schneller ihre Visionen umsetzen und so die Wünsche ihrer Kunden frühzeitig erkennen und realisieren können.

3. Training und Weiterbildung ist laut László Bock (ehem. Personalchef von Google und Autor des Buches "Work Rules") und Eric S. Yuan (Gründer von Zoom Communications) der Schlüssel für nachhaltiges Unternehmenswachstum.

4. Think 10x! Wenn es ein Problem zu lösen gilt, denken sie größer. Innovation kann nur entstehen, wenn den Mitarbeitern Raum dafür gegeben wird.

Mein Fazit

Trotz all der Euphorie um die Tech-Giganten sind es nach wie vor deutsche Hidden Champions, die Märkte – gerade im Mittelstand – prägen und bestimmen. Hier gilt es, diese Erkenntnisse in unsere Philosophien einzugliedern und konsequent umzusetzen, um auch morgen noch vorn dabei zu sein.

"Komm, wir wagen es!" Unser Quereinstieg als Kaffeeröster

**Gastbeitrag von Annette Rose
Expertin für milden Kaffee,
Elstermühle Kaffeerösterei
vom 11.06.2019**

"So kurz vor Rente!", so hieß es nicht selten, wenn mein Mann Mario und ich erzählten, dass ich meinen Job als Business-Analystin für IT-Projekte und er seinen im Technikbereich eines Pharmazie-Unternehmens an den Nagel hängen wollten, um einen Neuanfang als Kaffeeröster zu machen. Die meisten hielten uns für verrückt. Davon ließen wir uns mit über 50 nicht abhalten. "Komm, wir wagen es!", war unser Motto!

Auslöser für die Veränderung war, dass die beiden Firmen, in denen wir arbeiteten, massiv umstrukturiert werden sollten. Es war ein guter Zeitpunkt für einen Einschnitt. Bei mir kam aber auch noch etwas anderes hinzu: Ich wollte unbedingt von Rosenheim/Bayern wieder zurück in den Osten. Außerdem war es schon seit meiner Kindheit mein Herzenswunsch gewesen, einen eigenen Laden zu haben!

Zurück in den Osten

Die beiden Inhaber einer Kaffeerösterei an unserem Wohnort in Bayern haben dafür gesorgt, dass wir zu Kaffeekennern und -liebhabern wurden. Sie waren unsere Vorbilder für den Schritt in die Selbstständigkeit und sie unterstützten uns kräftig.

Für unseren Standort hatten wir Potsdam und Leipzig in die engere Wahl genommen. Schnell wurde meinem Mann und mir klar, dass es Leipzig sein musste. Der Menschenschlag in meiner Heimatstadt und auch das erste Objekt, das wir uns dort angesehen hatten, waren genau das Richtige für unsere Pläne.

Gute Vorbereitung für den Neustart

Aber bevor es so richtig losgehen konnte, mussten wir uns noch jede Menge Wissen aneignen. Wir haben in Stendal ein Röstseminar besucht und dann unentgeltlich in einer

Kaffeerösterei gearbeitet, um die Arbeitsschritte kennenzulernen, Erfahrungen zu sammeln und unsere eigene Art des Röstens zu finden. Auch ein Buchhaltungsseminar durfte nicht fehlen. Da mein Mann Mario aus dem Maschinenbau kommt, war es für ihn ein Leichtes, sich mit den Funktionen der Röstmaschine vertraut zu machen. Parallel dazu lief von April bis Oktober 2018 die Einrichtung unseres Ladenlokals.

Am 3. November 2018 haben wir unsere Kaffeerösterei "Elstermühle" am Elstermühlgraben in Leipzig eröffnet. Mitten im Laden steht unsere große weiße Kaffeeröstmaschine. Unsere Kunden können live dabei sein, wenn aus dem Rohkaffee duftende Kaffeebohnen werden. Höchstes Gebot bei uns: Wir rösten nicht dunkel! Haben die Bohnen eine helle bis mittlere Röstung, ist der Geschmack feiner. Bitteren Kaffee gibt es bei uns nicht! Zucker und Milch kann man bei unseren Kaffees (bei richtiger Zubereitung) getrost weglassen. Davon kann sich jeder selbst überzeugen. Wir bieten jeden Tag fünf verschiedene Kaffeesorten zum Verkosten an. Das gehört für uns zu einer guten Beratung dazu. Insgesamt haben wir zur Zeit 14 unterschiedliche Sorten Kaffee und Espresso. Die Entscheidung, "so kurz vor der Rente" nochmal berufliches und privates Neuland zu betreten, haben wir nicht bereut. Auch wenn ich froh bin, dass wir im Vorhinein nicht in allen Details wussten, was auf uns zukommen würde. Anfängerfehler sind uns passiert. Außerdem haben wir erstmal alle guten Tipps und Hinweise geglaubt, die uns gegeben wurden, anstatt auf unser Bauchgefühl zu hören. Damit hätten wir die ein oder andere unnötige Investition oder auch manchen Ärger vermeiden können. Aber das gehört nun mal zur Selbstständigkeit dazu. Heute kann ich aus tiefster Überzeugung sagen: Dass wir genau hier am Elstermühlgraben in Leipzig unsere Kaffeerösterei aufgebaut haben, das war die beste Entscheidung ever!

Hell und mild statt dunkel und bitter

Unsere beste Entscheidung

Vorgestellt! – Carsta Stromberg

In dieser Serie lernen Sie interessante Persönlichkeiten aus Wirtschaft, Politik und Gesellschaft kennen, die die Journalistin Sabine Langenbach für Sie porträtiert.

25.09.2018: Carsta Stromberg
Trainer, Coach, Beraterin und Speaker aus Neumarkt/Oberpfalz

„Ich bin eine Rampensau!", sagt Carsta Stromberg lachend und sogar durch den Telefonhörer merke ich sofort: Das ist nicht übertrieben. Aber nach ein paar Minuten Gespräch wird mir noch etwas anderes klar: die „Hoppla jetzt komm ich-Frau", die Lebensfreude ausstrahlt und professionell Menschen als Coach, Beraterin und Rednerin ermutigt, kennt nicht nur die Sonnenseiten des Lebens.

Sie steht dazu, weil die schweren Zeiten sie zu der Persönlichkeit haben reifen lassen, die sie heute ist. Und noch mehr: Von ihren Erfahrungen sollen andere profitieren. „Ich will Menschen, die im Tal der Tränen stecken, wie ich es erlebt habe, da heraushelfen und die Lust am Leben neu wecken!", erklärt sie im Laufe des Gesprächs. Aber der Reihe nach.

Wenn man nicht ins System passt

1959 kam Carsta Stromberg in der DDR auf die Welt. Als sie knapp sieben Jahre alt war, wurde ihre Schwester geboren. Nur vier Tage nach der Entbindung starb ihre Mutter an einer Lungenembolie. *„Plötzlich stand mein Vater mit 29 mit einem Baby und mit mir alleine da. Man kann sich vorstellen, was das mit mir, mit uns als Familie, gemacht hat."* Aber das Leben ging irgendwie weiter. Der Vater heiratete nochmal. Carsta war gut in der Schule, das Lernen fiel ihr leicht. Trotzdem war von Anfang an klar, dass viele berufliche Wege für sie nicht möglich sein würden. Die Regierung förderte nämlich vor allem die Kinder der Arbeiter und Bauern.

Wer, wie Carsta, aus intellektuellem Hause kam, hatte das Nachsehen. Dass sie trotzdem das Abitur nachmachen und ein Studium absolvieren durfte, verdankt sie ihrer Physiklehrerin. Sie erkannte das Potential, das in Carsta steckte und schlug ihr vor, Mathe- und Physiklehrer zu werden. „Ich wusste sowieso nicht, was ich werden sollte und das war die einzige Möglichkeit für mich zum Studieren.“, erklärt die heute 59-Jährige. Weil diese Lehrer in der DDR „Mangelware“ waren, wurden sogar begabte junge Leute, die nicht hundertprozentig ins System passten, für diesen Studiengang zugelassen.

Kein Traumberuf

So kam es, dass Carsta von 1976 bis 1980 in Halle studierte. Anschließend unterrichtete sie dort zehn Jahre lang. Währenddessen kam ihre erste Tochter auf die Welt. Schnell ging sie wieder arbeiten. Sie wusste, dass Lehrerin zu sein nicht ihr Traumberuf war und hätte sich am liebsten schon damals beruflich verändert. 1990, kurz nach der Wende, kam Tochter Nummer zwei. Die Familie verlagerte ihren Wohnsitz nach Nürnberg. Beruflich legte sie eine Pause ein. Die Zeit für die Kinder konnte sie richtig genießen. Immer klarer wurde, dass sie nicht wieder in den Schuldienst zurückgehen wollte. Nach drei Jahren in Franken wurden wieder Umzugskisten gepackt und es ging nach Neumarkt in der Oberpfalz.

Tiefpunkt und neue Hoffnung

Hier erlebte Carsta Stromberg die schwerste Zeit ihres Lebens. Depressionen rissen sie drei Jahre lang völlig aus dem „normalen Leben“ heraus. „Wenn ich die Kinder damals nicht gehabt hätte, weiß ich nicht, was aus mir geworden wäre!“, sagt sie nachdenklich. Ihnen zu Liebe kämpfte sie sich mit professioneller Hilfe ins Leben zurück.

Als es bergauf ging, war auch wieder der Blick frei für einen beruflichen Neustart. Sie nahm an Weiterbildungen teil, arbeitete kurzzeitig für einen Bildungsträger und bekam dann einen guten Job in einer großen Firma. Dort unterstützte sie die Einführung eines neuen Onlineproduktes. Parallel dazu bildete sie sich weiter. In ihr wurde der Wunsch groß, sich als Trainer für Persönlichkeitsentwicklung selbstständig zu machen. Allerdings erst einmal zusätzlich zur Festanstellung.

Rückschlag bewirkt Gutes

Daraus wurde aber erst einmal nichts, weil ihr die Energie dafür fehlte. Die brauchte sie anderweitig: Sie war ein „Bossing“-Opfer, d.h. ihre Chefin mobbte sie extremst. Schließlich wurde ihr befristeter Vertrag nicht verlängert und sie war arbeitslos. Davon ließ sich die damals 49-Jährige aber nicht herunterziehen. Im Gegenteil. Das gab ihr ganz neue Energie. „Das Leben zwang mich damals, mich mit meinem heutigen Traumjob komplett selbständig zu machen!“, erklärt Carsta Stromberg nicht ohne Stolz.

Start in die Selbstständigkeit

2009 ging es los. Schon beim Existenzcoaching kristallisierte sich heraus, dass sich ihre tiefe Krise auch auf ihre beruflichen Schwerpunkte als Coach und Trainer auswirken würde. *„Meine Geschichte, meine Depressionen, sind meine Expertise gerade für Menschen, die Ähnliches erlebt haben. Bei mir brauchen sie keine Sprüche fürchten wie „Reiß dich mal zusammen!“. Ich weiß, was es heißt mitten im Burnout zu stecken!“*

Um eine kompetente Beratung und zielorientiertes Coaching anbieten zu können, war aber mehr notwendig als persönliche Betroffenheit. Carsta Stromberg absolvierte verschiedene Ausbildungen wie Business-Trainer & Coach, Dipl.systemischer- und wingwave-Coach, zertifizierter Stressmanagement-Trainer und Manager of Business-Entertainment MBE.

Authenzität als Markenzeichen

Erst sind es persönliche Kontakte zu Unternehmen über die sie Aufträge bekommt, dann spricht es sich immer mehr herum, dass die quirlige, fröhliche Frau mit Tiefgang und Humor effektiv neue Perspektiven aufzeigt. Am Anfang hatte sie eigentlich „nur“ Training und Coaching im Blick. *„Vieles ist einfach ‚passiert‘, hat sich entwickelt. Zum Beispiel, dass ich Vorträge halte. Ich bin gefragt worden und habe es gemacht!“*

Heute hat sie unterschiedliche Themenschwerpunkte zu bieten. Egal, ob sie über „Katastrophenflatrate – Vom Pech verfolgt und trotzdem glücklich“, „Energiewende, die funktioniert – so wird Ihr Akku niemals leer“ oder über Mitarbeitergewinnung referiert, es gibt einen gemeinsamen Nenner: *„Die Authenzität ist mir wichtig.“*

Als Mutmacherin unterwegs

100% Carsta Stromberg. Immer. Als Speaker, Coach, Trainer oder Beraterin. Ihr Ziel formuliert sie so: *„Ich möchte, dass die Menschen zu sich selber, zu ihren Stärken finden und den Mut bekommen, auch so zu leben, wie es ihnen entspricht. Das Wichtigste sind Lebens- und Arbeitsfreude und Gesundheit.“*

Ich bin beeindruckt von dieser Frau, die durch Krisen und Schwierigkeiten ihre Berufung gefunden hat und heute als Mutmacherin in der Beratung und auf Bühnen unterwegs ist. Eine „Rampensau“ mit viel Tiefgang.

Deine Freiheit
Dein Rudel
Deine Beute
GEMEINHARDT
SERVICE GMBH
Werde AZUBI
im Gerüstbau
www.MinneMedia.de
Mit einem Job, der Spaß macht
Du löst abwechslungsreiche Aufgaben und kannst Dich verwirklichen.
Einer für alle, Alle für einen
Du hast nette hilfsbereite Kollegen und ein angenehmes Arbeitsklima.
Mit Sicherheit gutes Geld verdienen
Mindestlehrlingsgeld:
1. Lehrjahr 1.038,00 €
2. Lehrjahr 1.290,00 €
3. Lehrjahr 1.602,00 €
(Gültig ab 1. Aug. 2020)
www.spezialgeruestbau.de

Anfangen – Dranbleiben – Energie – Leidenschaft – Ideen – Erfolg

Gastbeitrag von Daniela Kreißig, Visionscoach für UnternehmerInnen zu den Themen „Erfüllt leben" und „Sichtbarkeit"; Eventorganisatorin, z.B. für die Verleihung des Unternehmerinnenpreises ADELIE-Award vom 20.02.2018

Ich habe eine Vision: In 20 Jahren gibt es im Unternehmertum genauso viele Unternehmerinnen und Geschäftsführerinnen, wie es derzeit Männer in diesen Posten gibt.

Und nein, ich möchte keinem Mann etwas wegnehmen oder diesen benachteiligen. Mein Ziel ist es, damit noch stärkere, solidere Unternehmen zu haben und mehr Menschen, die wirtschaftlich unabhängig sind vom Staat, von Rentenkassen oder anderen Institutionen.

Die derzeitige Lage sieht so aus, dass die meisten Unternehmer vorrangig andere Unternehmer finden, um Geschäfte und Kooperationen einzugehen. Solche Kooperationen und Geschäftspartnerschaften sind aber viel erfolgreicher, wenn Frauen dabei sind und je nach Situation entweder ER oder SIE voranschreitet.

Der Weg zum Erfolg: Männer *und* Frauen in den Chefetagen

„Gleich und gleich gesellt sich gern." Wohl jeder kennt diesen Spruch. Und doch ist es im Business nicht besonders empfehlenswert, danach zu handeln. Denn im Unternehmertum sind verschiedene Fähigkeiten gefragt. Manchmal ist es wichtig, mit Kalkül und etwas Härte Dinge durchzusetzen, an anderer Stelle ist Charme, Menschenkenntnis und Intuition gefragt. Wir alle haben die Neigung, mit Menschen arbeiten zu wollen, die uns ähnlich sind. Das fängt beim Geschlecht an.

Die Beratungsfirma *www.innovisor.com* führte eine Untersuchung in neunundzwanzig Ländern durch und fand heraus, dass sowohl Männer als auch Frauen, die Kollegen für die Zusammenarbeit auswählen sollten, mit signifikant höherer Wahrscheinlichkeit jemanden desselben Geschlechts wählten. Dabei wurde in Studien festgestellt, dass gemischte Gruppen häufig bessere Leistungen erbringen. Deshalb ist es wichtig, dass mehr Frauen erkennen, wie elementar es ist, sich in Unternehmen einzubringen und wirtschaftlich unabhängig zu sein. Ganz nebenbei lösen wir so auch das Problem, dass Frauen am stärksten dem Risiko der Altersarmut ausgesetzt sind.

Frauen müssen mutig Möglichkeiten nutzen

Deshalb, liebe Damen, nutzt die Chancen, welche Euch im Job geboten werden und vertraut auf Eure Fähigkeiten. Sucht Euch Unternehmer und Mentoren, die Eure Talente erkennen und fördern und lasst Euch nicht von irrigen Glaubenssätzen wie: „Das schaffe ich nicht“, oder: „Da hab ich keine Ausbildung“, entmutigen.
Gemeinsam können Unternehmer und Unternehmerinnen so viel mehr erreichen. Nicht nur im Business oder in der Wirtschaft. Erfolgreiche Unternehmen können in Arbeitsplätze und Bildung investieren, engagieren sich sozial und tragen so dazu bei, das Leben jedes Einzelnen ein Stück besser zu machen.

ADELIE-Award für exzellente Unternehmerinnen

Damit sind wir wieder bei meiner Vision. Auf dem Weg zur Realität müssen wir dafür sorgen, dass Unternehmerinnen mehr in der Öffentlichkeit wahrgenommen werden. Dabei soll der ADELIE-Award helfen, der jährlich an eine erfolgreiche Unternehmerin verliehen wird.

Der Name steht für:
Anfangen – Dranbleiben – Energie – Leidenschaft – Ideen – Erfolg und fasst zusammen, welche Eigenschaften wir mit einer exzellenten Unternehmerin verbinden.

Meine Leidenschaft und Berufung: UnternehmerInnen so stärken, dass sie im Business & privat ihre Welt so gestalten, wie sie ihnen gefällt

Ein Gastbeitrag von Daniela Kreißig, Visionscoach

„Warum machst du das? Was möchtest du wirklich? Bist du glücklich? Wie präsentierst du dich?“ Menschen, die zu mir ins Coaching oder in eines meiner Seminare kommen, müssen sich mit diesen Fragen auseinandersetzen. Das fällt ihnen meistens schwer.
Das liegt an der Prägung. Vieles, was wir tun, machen wir ganz selbstverständlich. Es wurde uns so beigebracht. Und im Laufe von Jahrzehnten hinterfragen viele gar nicht mehr. Es ist einfach, wie es ist. Dazu noch ein paar nette Sprüche wie: “Lieber den Spatz in der Hand als die Taube auf dem Dach“, oder: „Sei doch mal zufrieden.“ Und schon bleiben wir in unserer scheinbar sicheren, aber staubtrockenen Komfortzone stecken. Auf die Idee, etwas zu ändern, kommen die meisten leider erst, wenn Schicksalsschläge, wie der Tod nahestehender Menschen oder der Verlust des Arbeitsplatzes sie treffen. Bei Vorboten wie kleineren Krankheiten werden die Symptome mit Pillen weggeschluckt.

Die Unsichtbarkeit in Person

Ich schreibe das aus eigener, leidvoller Erfahrung. Zehn Jahre lang habe ich mit meinem damaligen Partner ein Fotogeschäft erst aufgebaut und dann erfolgreich geführt. Ich war immer hinter den Kulissen aktiv. „Ich stehe nicht so gerne im Rampenlicht!“, habe ich immer gesagt. Als mich jemand mal als „die graue Eminenz im Hintergrund“ bezeichnete, war ich sogar stolz darauf!
Dann kam die Trennung. Beruflich und privat. Plötzlich war ich nicht nur arbeitslos, sondern auch alleinerziehende Mutter von zwei Kindern.

Alleinstellungsmerkmal: Ich mach mir die Welt, wie sie mir gefällt!

Mein Selbstbewusstsein lag am Boden. Schmerzlich musste ich feststellen, dass ich mich selbst über viele Jahre völlig in den Hintergrund ge-

stellt hatte. Eigene Wünsche nie berücksichtigt.
Gerne wollte ich mich selbstständig machen. Aber ich hatte keine Geschäftskontakte, kannte keine anderen UnternehmerInnen, mit denen ich mich hätte austauschen können. Ich stand völlig allein da. Nachdem erst alles düster aussah, gab es doch einen kleinen Hoffnungsschimmer. „Da steckt doch noch so viel in dir!“, war der Gedanke, der mir Mut machte, ein eigenes Unternehmerinnennetzwerk zu initiieren.
Daraus entwickelte sich ein Netzwerk, das mir so viele Kontakte, Wertschätzung und Bestätigung brachte, dass mir klar wurde, da geht noch mehr. Weitere Netzwerke entstanden, und ich begann, Messen mit bis zu 10.000 Besuchern zu organisieren. Bis heute habe ich an so vielen Projekten mitgewirkt, dass ich mich selbst manchmal wundere, wie ich das alles geschafft habe. Dabei habe ich immer das getan, wozu ich Lust hatte und was ich gerne ausprobieren wollte. Im Business genauso wie im Privatleben.

„Wunschkonzert – Fokus und Klarheit in meinem Leben“

Heute ermutige ich UnternehmerInnen im Coaching, durch Seminare oder auch beim „Wunschkonzert“. Das ist ein Halbtagesevent für alle, die das Gefühl haben, dass es noch viel mehr in ihrem Leben geben kann, als nur zu funktionieren und Erwartungen anderer zu erfüllen. Am Ende des Lebens bereuen wir nie unsere Fehler, aber all das, was wir nie getan haben. Wer am Wunschkonzert teilgenommen hat, kennt seine Ziele, hat Klarheit darüber, was wichtig und was unwichtig ist und bereut nicht mehr.
Mein Ziel ist es, das Potenzial der UnternehmerInnen zu entfesseln, jeden individuell in seinem Business und im Leben voranzubringen und Klarheit für die Zukunft zu schaffen. Das Wunschkonzert findet mehrmals im Jahr live und auch online statt.

Höchstleistung statt Mittelmaß

Rückblickend ist mir klar, dass ich erst durch meine persönliche Krise zu meiner Berufung finden konnte. Deshalb bin ich dankbar für alles, was ich erlebt habe, eben auch für die schweren Zeiten. Sie haben dafür gesorgt, dass ich heute Höchstleistung bringen kann und nicht nur Mittelmaß bin.

Mein Leben hat heute mehr Qualität! Ich bin glücklich, dass andere UnternehmerInnen von meiner langjährigen Business- und Lebenserfahrung profitieren können.

Spektakulärer Mordfall, arbeitsrechtliche Beratung und Opferanwältin – Ein ganz normales Anwaltsleben

Gastbeitrag von Diana Enzinger vom 17.07.2018

Schon seit der achten Klasse war mir klar, wo es für mich beruflich hingehen sollte. Ich wollte Anwältin werden! An einen direkten Anlass für diese Entscheidung kann ich mich nicht erinnern. Aber vermutlich war es mein schon damals sehr ausgeprägter Gerechtigkeitssinn, der in mir den Wunsch aufkommen ließ. Schon lange vor dem Abitur hatte ich mich informiert, wie und wo ein Studium der Rechtswissenschaften möglich sein würde. Meine Wahl fiel zunächst auf Gießen. Später wechselte ich nach Jena. Dort wurde mir die Möglichkeit geboten, ein Jahr in Birmingham (GB) zu studieren und damit breitere Kenntnisse über ein anderes Rechtssystem, sowie das Leben in einem anderen Land zu sammeln. Ich gebe zu, dass ich das Studium an sich etwas trocken fand. Dafür ist die Praxis, die ich seit 2007 erlebe, umso lebendiger. Ich schätze meine Arbeit mit den Menschen, das Mitgestalten und Einflussnehmen in den unterschiedlichsten Bereichen.

Arbeitsrecht praktisch

In meiner Kanzlei berate und vertrete ich zum Beispiel Arbeitnehmer und Arbeitgeber von klein- und mittelständischen Unternehmen in arbeitsrechtlichen Angelegenheiten. Bei der Vertretung von Arbeitgebern geht es oft darum, solide Grundlagen zu schaffen, wie die Gestaltung branchenspezifischer Arbeitsverträge und zügig Maßnahmen zu ergreifen, wenn es Probleme mit Arbeitnehmern gibt. Oft sind auch Kündigungen Gegenstand der Beratung oder gerichtlichen Vertretung.

Im arbeitsrechtlichen Bereich ist es in Anbetracht des Mangels an qualifizierten Fachkräften wichtig, die Beziehung zwischen Arbeitgeber und Arbeitnehmer im Blick zu behalten. Dazu gehört einerseits Fingerspitzengefühl, aber andererseits auch konsequente Verfolgung des Ziels. Diese Verhandlungen sind ganz anderer Natur, als wenn es um strafrechtliche Angelegenheiten geht.

Ruhe und Sachlichkeit

Zu meinen Kompetenzen gehört auch die Verteidigung von Menschen, die angeklagt werden, weil sie schwere Straftaten bis hin zum Mord verübt haben sollen. Hier wird mit härteren Bandagen gekämpft. Auch von Seiten der Richter. Die Erfahrung hat mich gelehrt, dass in solchen Fällen nur eins hilft: Ruhe und Sachlichkeit. Gerade neulich habe ich es in einer Verhandlung mit einem recht energischen Richter zu tun gehabt. Ich habe mich von ihm nicht unter Druck setzen lassen, sondern eine ruhige und sachliche Art beibehalten, wodurch sich auch die Verhandlungsatmosphäre entspannte.

Sprachrohr für Opfer

In manchen Fällen, die emotionaler sind, ist das weitaus schwieriger zu erreichen. Zum Beispiel, wenn ich Frauen vertrete, die Opfer körperlicher und sexueller Gewalt geworden sind. Als Opferanwältin arbeite ich eng zusammen mit Opferschutzvereinigungen, Psychologen und im Rahmen gemeinsamer Arbeitsgruppen auch mit Behörden. Ich selbst bin Mitglied im Verein Opferhilfe Sachsen e.V. Es ist mir ein großes Anliegen, mich für die betroffenen Frauen einzusetzen, sie bei Behördengängen und durch den Prozess hindurch zu begleiten. Ich unterstütze die Frauen mit meiner Arbeit, damit sie aus der Opferrolle herauskommen können. Das ist eine große Herausforderung, die viel Idealismus braucht. Das klingt für manchen vielleicht gegensätzlich: Opferanwalt und Strafverteidiger. Und tatsächlich ist es ein Spagat. Zwischendurch muss ich mir sowohl für die Opfervertretung als auch für die Strafverteidigung ein "dickes Fell" anziehen.

Von Mensch zu Mensch

Der Grundsatz meiner Arbeit ist, dass jeder Mensch, auch der, der eines Gewaltverbrechens beschuldigt wird, das Recht hat, gehört zu werden. Durch meine Arbeit habe ich einen anderen Blick auf die Menschen bekommen: Ich sehe auch immer das, was dazu geführt hat, dass es zur Tat kommen konnte. Das ändert nichts daran, dass ich sachlich und rechtlich fundiert meine Arbeit tue. Nur eben gemäß unseres Kanzlei-Mottos: "Rechtsberatung von Mensch zu Mensch".

Netzwerken als Ausgleich

Mein Beruf ist meine Berufung. Gerade deshalb ist es mir wichtig, mir Zeiten zum Auftanken zu gönnen. Zum Beispiel beim Sport oder auch bei den Treffen von Business Network International (BNI) "Steile Wand", der Gruppe in Meerane. Hier lerne ich viele Unternehmerinnen und Unternehmer kennen, die aus unterschiedlichen Lebenssituationen kommen. Für mich als Anwältin ist das eine große Hilfe im Umgang mit denen, die mir täglich begegnen. Der Austausch innerhalb der Gruppe ist für mein persönliches Wachstum gut. Andererseits profitieren auch meine Mandanten von diesen Zusammenkünften. Zum Beispiel kann ich im Blick auf die neue europäische Datenschutzverordnung meine Mandanten mit fachübergreifender Zusammenarbeit unterstützen. Über BNI habe ich Kontakt zu einem Fachanwalt, der zugleich Datenschutzbeauftragter ist, den konnte ich dann weiterempfehlen.

Auftanken für den Alltag

Walter Stuber habe ich bei einem BNI-Frühstückstreffen das erste Mal getroffen. Dabei hatten wir einen besonderen Anknüpfungspunkt: Wir sind nämlich beide im Netzwerk Christen in der Wirtschaft aktiv. Der christliche Glaube ist eine wertvolle Quelle, um Kraft für den Alltag zu schöpfen. Zur Ruhe komme ich auch, wenn ich in meiner Freizeit zu Pinsel und Farbe greife. Die Aquarellmalerei ist für mich eine wertvolle Entspannungsmöglichkeit. Einige meiner Aquarelle sind regelmäßig in meiner Kanzlei zu sehen. In der Vergangenheit durfte ich zu den Themen "Impressionen", "Venedig und Prosecco" und "Eine Reise durch die Schweiz" unter anderem in Chemnitz in den Rothenberger Appartements Ausstellungen gestalten. Die unterschiedlichen "Auftankstellen" geben mir Kraft und Ansporn, jeden Tag aufs Neue meinen Mandanten mit Freundlichkeit, Zuverlässigkeit und Integrität zur Seite zu stehen sowie mit Kollegen und Richtern "von Mensch zu Mensch" agieren zu können. Meine Entscheidung damals in der 8. Klasse, Rechtsanwältin zu werden, habe ich bis heute nicht bereut!

MUT
MACHER

https://shop.spreadshirt.de/Mutmacher

Plötzlich im Rampenlicht: Wenn du als Beobachter zu einer Preisverleihung gehst und überraschend ausgezeichnet wirst

von Walter Stuber vom 24.09.2019

FINALIST
Großer Preis des
MITTELSTANDES

Jahrelang haben mein Kompagnon Dirk Eckart und ich uns gewünscht, dass unser Engagement als verrückte Unternehmer einmal öffentlich gewürdigt werden würde. Es gibt Auszeichnungen, da muss man sich selber bewerben und solche, für die man vorgeschlagen wird. So ist es beim „Großen Preis des Mittelstandes". Hier waren wir schon mehrmals nominiert worden, bisher ohne Erfolg.

Deshalb fehlte uns in diesem Jahr der Antrieb am Galaabend zur Preisverleihung teilzunehmen. Nur auf Drängen unseres Beraters, Freundes und Pressebeauftragten Peter Dyroff, haben wir uns angemeldet. Am 31. August 2019 sind wir zusammen mit unseren Frauen zum Ball nach Dresden ins Maritim Hotel gefahren. Unser Tisch mit der Nummer 30 war ganz hinten. Für uns war das ein Indiz, dass wir nicht unter den Preisträgern sein werden. Die sitzen bekanntlich ganz vorne!

Blauer Straßenanzug statt Smoking

Der Abend nahm seinen Lauf. Wie immer gab es nette Gespräche am Tisch mit anderen Unternehmern. Die Vorspeise wurde serviert. Danach ging Dirk Eckart nach draußen. Er war gerade weg, da hörte ich die Ansage: „Die Finalisten und Preisträger Walter Stuber und Dirk Eckart möchten bitte zur Bühne kommen!" Hatte ich mich verhört? Nein! Meine Frau Burgunda und Dirks Frau Ulrike schauten mich erstaunt und erwartungsvoll an.

Damit hatte ich nicht gerechnet. War ich überhaupt dem Anlass entsprechend angezogen? Dirk und ich trugen unser Firmen-Outfit: Blauer Straßenanzug, rotes Hemd mit Firmenlogo. Um uns herum wimmelte es nur so von Smokings, Fliegen und festlichen Abendkleidern! Aber um meine Kleidung konnte ich mir jetzt keine weiteren Gedanken machen.

Hindernislauf zur Bühne

Wir sollten tatsächlich den langersehnten Preis bekommen! Weil Dirk nicht zu sehen war, bahnte ich mir mit meinen Krücken alleine den Weg von ganz hinten nach vorne zur Bühne. Plötzlich bemerkte ich, dass meine Hose rutschte. Kein Wunder, ich hatte in den vergangenen Wochen zehn Kilo abgenommen. Aber wie sollte ich mit zwei Krücken in der Hand alles wieder zurechtrücken? Mir blieb nichts anderes als einen kurzen Zwischenstopp einzulegen. Dass ich die ganze Zeit von einem Spotlicht und einer Kamera verfolgt wurde, musste ich einfach ignorieren.

Die nächste Hürde waren die acht Treppenstufen zur Bühne – ohne Geländer! Ich war dankbar für meine Krücken, ohne die hätte ich es nicht hoch geschafft. Als ich endlich oben im Rampenlicht stand, bemerkte ich, dass Dirk immer noch fehlte. Dann sah ich ihn im Laufschritt nach vorne kommen. Sein Gesichtsausdruck zeigte mir, dass er kaum fassen konnte, dass wir nach Jahren des Engagements und des Hoffens endlich ausgezeichnet werden sollten.

Authentisch sein

Das war ein unvergesslicher Abend für mich. Zum einen ist ein Traum wahr geworden und zum anderen hat mir das Drumherum deutlich gemacht: Ich kann mich zeigen, wie ich bin. Egal ob ich einen Smoking trage oder im Straßenanzug daher komme, die Hose rutscht oder alles in Ordnung ist. Äußerlichkeiten ändern nichts an meinem Wert. Ich muss nicht eitel sein. Wichtig ist, dass ich authentisch bin. Heute kann ich über die Fotos von der Bühne mit schlecht sitzendem Sakko und verrutschter Hose zum Glück lachen.

Ich kann zu meinem Handicap stehen. Wenn die Veranstalter im Vorfeld nicht im Blick hatten, dass ein Gehbehinderter ausgezeichnet wird, dann ist es nicht mein Problem, wenn ich länger brauche, um auf die Bühne zu kommen und damit womöglich ihren Zeitplan durcheinander bringe. Ich wünsche mir sehr, dass mehr Menschen mit Behinderung in der Wirtschaft aktiv und erfolgreich werden können und dass es irgendwann ganz selbstverständlich ist, bei einem Wirtschaftspreis z.B. eine Rollirampe an der Bühne zu installieren.

Sternstunden der Anerkennung

Viele Unternehmerinnen und Unternehmer wünschen sich Anerkennung für das, was sie tun. Oft bleibt sie aus. So war das auch bei Dirk Eckart und mir. Als wir gar nicht mehr damit gerechnet haben, wurden unsere Namen als Preisträger des „Großen Preis des Mittelstandes" aufgerufen.

Ich möchte Ihnen Mut machen, nicht aufzugeben und weiter auf Ihre persönliche Ehrung zu hoffen. Eine Preisverleihung mit Gala ist ein ganz besonderes Highlight, das sich vermutlich jeder wünscht. Sternstunden in Sachen Anerkennung geschehen aber viel mehr im kleinen Rahmen. Wir müssen lernen, sie bewusst wahrzunehmen und genauso zu genießen wie eine Preisverleihung: Ermutigende, lobende Worte von anderen Unternehmern, eine sehr gute Bewertung eines Kunden, ein Dankeschön aus der Mitarbeiterschaft. Wenn dazu eine öffentliche Auszeichnung noch „oben drauf" kommt, umso schöner für Sie! Ich wünsche Ihnen beides von Herzen!

Lärmschutzwand - Neue Mainzer Landstraße Frankfurt 2018

"Heute schon an morgen denken!"

Ein Gastbeitrag von Dirk Eckart vom 08.03.2016

Warum es so wichtig ist, sich frühzeitig Gedanken darüber zu machen, wie die Unternehmensübernahme für die Nachfolgegeneration attraktiv sein kann.

Der Sprung ins kalte Wasser

Seit fast 15 Jahren führe ich gemeinsam mit meinem Geschäftspartner Walter Stuber das Unternehmen Gemeinhardt Gerüstbau Service GmbH www.spezialgeruestbau.de Mit 34 Jahren sprang ich ins kalte Wasser und wurde von einem Tag auf den anderen Gesellschafter und Geschäftsführer eines Gerüstbauunternehmens mit damals über 60 Mitarbeitern. Ohne jegliches Wissen über die Führung eines Unternehmens musste ich mir meine Kenntnisse selbst aneignen und aus meinen Erfahrungen lernen. Natürlich gab es auch deutliche Rückschläge und Niederlagen. Meine Tochter Suse war damals acht Jahre und mein Sohn Hannes gerade einmal ein Jahr alt und ich hatte einen sehr guten Rückhalt in der Familie durch meine Frau Ulrike. Die ersten zehn Jahre waren von großen familiären und auch finanziellen Entbehrungen geprägt. Alle Kraft wurde ins Unternehmen gesteckt. Dies bekamen natürlich auch meine beiden Kinder mit. Der Papa war kaum zu Hause, sondern die ganze Woche unterwegs. Am Wochenende war jedoch das Familienleben sehr ausgeprägt. Nur finanziell ging es nicht so richtig aufwärts. Die Urlaube verbrachten wir meist zu Hause oder es konnten nur kurze und kostengünstige Reisen unternommen werden. Als meine vierzehnjährige Tochter dann an einem Wochenende zu mir sagte: "Was regst du dich so auf? In der Woche interessiert dich das doch auch nicht!", gab mir das zu denken. Eine Großbaustelle mit erheblichem Stressfaktor und einem finanziellen Verlust durch nicht gezahlte Nachträge gab uns damals den Rest. Eine Ver-

Aller Anfang ist schwer

Ein Umdenken ist erforderlich

änderung musste her. Ein Umdenken bezüglich der Frage: "Auf welchem Stand befindet sich meine Firma derzeit und wo möchte ich hin?" Ich nahm mir zwei Tage Auszeit. Gemeinsam mit meinem Geschäftspartner besuchte ich das Seminar "Big Five for Live" – die 5 Dinge im Leben, die ich erreichen möchte. Mir wurde bewusst, dass es einer meiner Wünsche ist, das Unternehmen in eine neue Generation zu führen und dass eines meiner Kinder mein NACHFOLGER wird, egal ob Suse oder Hannes. Aber wieso sollten sie einen Betrieb übernehmen, aus dem der Vater nur gestresst und genervt nach Hause kommt, wobei das Privatleben immer hinten angestellt werden muss? Die Firma musste neu ausgerichtet werden. Die Kernkompetenzen sollten nun in den Vordergrund des Unternehmens treten, der Spezialgerüstbau musste ausgebaut, die Mitarbeiter motiviert und das Unternehmen auf solide finanzielle Beine gestellt werden. Mit unserem Berater René Brix wurde das Unternehmen zuerst finanziell gestützt. Durch mehrere Coaches wurden die Mitarbeiter und auch wir als Führungskräfte in regelmäßigen Abständen geschult. Hier wurden Kernkompetenzen erarbeitet und die Firma neu auf die Zukunft ausgerichtet. Dies wird bis zum heutigen Zeitpunkt fortgesetzt und immer wieder an die Situation angepasst.

Ein Anreiz muss geschaffen werden

Meine Tochter Suse ist mittlerweile 23 Jahre alt und hat Medientechnik studiert. Sie arbeitet in einer Filmproduktionsfirma in Leipzig und ich denke, dass sie der Übernahme meiner Firma noch nicht ganz abgeneigt ist. Mein Sohn Hannes ist 16 Jahre alt und schließt im Sommer die Realschule mit einem guten Ergebnis ab. Er möchte danach für weitere zwei Schuljahre sein Fachabitur Technik angehen und später Konstruktionstechnik studieren. Er interessiert sich für den Betrieb und möchte sich mit dem Studium den Weg offen halten, als Ingenieur die Firma zu übernehmen. Für mich sind es noch ungefähr 15 Jahre Zeit, bis ein Nachfolger übernehmen muss. Bisher haben mein Geschäftspartner Walter Stuber und ich solide Grundlagen zur Verbesserung des Unternehmens geschaffen. Auch in den kommenden Jahren arbeiten wir weiter daran, eine Übernahme des Geschäfts für die Nachfolgegeneration interessant und auch wirtschaftlich zu machen.

Der Samen ist gelegt und muss nur noch wachsen

Zeit ist noch genug

Anders als geplant

Ein Gastbeitrag von Tanja Weitz, Inhaberin Stickerei Weitz, Leipzig, vom 04.02.2020

Eigentlich wollte ich nie nähen lernen und deutsch sprechen schon gar nicht. So wie die Bayern redeten, die in meiner Heimat Kroatien ihren Urlaub verbrachten, war für mich schrecklich! Kaum zu glauben: Heute liebe ich es zu nähen und meine Alltagssprache ist Deutsch! Allerdings hat diese Entwicklung viele Jahre gedauert und ursprünglich hatte ich ganz andere Pläne.
Mein Traum war es, das kombinierte Jura/Soziale Arbeit Studium in Kroatien erfolgreich abzuschließen und in diesem Bereich zu arbeiten. Nicht weit entfernt von uns tobte der Balkankrieg. Deshalb engagierte ich mich nebenbei in einem Flüchtlingscamp. Hier lernte ich einen Deutschen kennen. Nach drei Jahren Fernbeziehung zog ich zu ihm nach Erlangen. Ich lernte natürlich deutsch und studierte Psychologie. Nebenbei arbeitete ich in unterschiedlichen Jobs, um unser Leben mitzufinanzieren. Wir heirateten. Unser Sohn kam auf die Welt.

Neues Talent entdeckt

Ein bisschen neidisch bemerkte ich damals, dass eine gute Freundin von mir immer so schicke Sachen trug. Ich fragte sie, wo sie die kaufen würde. Sie antwortete, dass sie selber nähen würde. Das hatte ich nicht erwartet. Ich kannte bis dahin nur das, was meine Mama mit ihrer alten Maschine genäht hatte. Das konnte man nicht miteinander vergleichen. Ich ließ mich zu einem Nähkurs überreden. Die Leiterin sagte bald: „Du hast Talent!“ Das Nähen machte mir immer mehr Spaß.

Der Traum von Nähmanufaktur wird wahr

Dann kam der Umzug nach Leipzig. Voller Elan dachte ich: „Ich kann so viel. Ich finde bestimmt schnell einen Job.“ Das Problem war, dass ich zu viel konnte! Da mittlerweile unser zweiter Sohn geboren war, habe ich zu Hause angefangen im Nebengewerbe Kinderaccessoires zu nähen. Unser Schlafzimmer wurde immer mehr mit Nähzeug belagert. Schließlich habe ich 2010 die Manufaktur „Kleine Hummel“ gegründet in der ich meine Ware zum Verkauf anbot. Der Laden entwickelte sich zum regionalen Treffpunkt.

Mutig neue Wege gehen

Doch dann kam die Trennung von meinem Mann. Meine Jungs waren noch klein und ich wusste privat und beruflich nicht weiter. Meine Mutter hat mir damals unendlich viel Mut gemacht mit dem Satz: „Du hast einen Krieg hinter dir. Hör auf deinen Bauch!“ So kam es, dass ich meinen Laden von 70 qm auf 25 qm geschrumpft und mehr Stickerei und Stoffe verkauft habe. 2014 tat ich mich mit drei anderen Frauen zusammen und wir betrieben den Laden gemeinsam, wobei jede für sich selbstständig war.
Das war anfangs ein gutes Konzept. Allerdings merkte ich nach drei Jahren, dass es für mich so nicht weitergehen konnte. Ich suchte mir einen neuen, eigenen Standort und nahm mutig einen Kredit auf. Das habe ich bis heute nicht bereut! Mein Plan, hochwertige Stickereien auf jeder Art von Textilien anzubieten, egal ob für Firmen oder Privatleute, ging auf und wurde von der Kundschaft sehr gut angenommen.

BNI-Gruppe hilft im Geschäftsalltag

Anfang 2019 entdeckte ich Business Network International www.bni.de. Ich gebe zu: Zunächst war ich sehr skeptisch gegenüber dieser „Gruppierung“. Aber in der Leipziger Gruppe „Via Regia“ stimmte die Atmosphäre und ich habe mich sofort wohlgefühlt. In Schulungen, die regelmäßig angeboten werden und auch in den „Vier-Augen-Gesprächen“, habe ich schon so manchen Tipp für mein Alltagsgeschäft bekommen. Neue Geschäftskontakte haben sich natürlich auch ergeben!

Angekommen, zufrieden und dankbar!

Wenn ich heute meine Stickmaschinen anmache, ist das Musik in meinen Ohren! Bei mir wird aber nicht nur Besticktes verkauft. Das ganze Ambiente sorgt dafür, dass mein Laden wieder ein Treffpunkt ist. Es gibt immer Kaffee und ich habe ein offenes Ohr für alle, die kommen. Das ist mehr als Sticken, das ist „Soziale Arbeit“ und das habe ich schließlich mal mit Begeisterung studiert. Ich kann nur sagen: Leipzig ist mein zu Hause geworden. Hier bin ich zufrieden und jeden Tag dankbar!

Weitsicht für Unternehmer

Ein Gastbeitrag von Enrico Maggi, Geschäftsführer BNI Tirol vom 13.11.2018

Weitsicht mit Gletscherbrunch auf 3210 m am Stubaier Gletscher

"Ab in die Berge!" Das ist mein Rat für alle Unternehmerinnen und Unternehmer, die sich täglich den unterschiedlichsten Herausforderungen stellen müssen und die dadurch in Gefahr sind, ihren Fokus zu verlieren. Auf den Gipfeln bekommt man einen ganz neuen Blick auf den Alltag. Aber nicht jeder ist ein begeisterter Bergsteiger wie ich und kann diesen Perspektivwechsel, diese neue Sicht von oben, genießen. Doch Weitsicht benötigen wir alle!
Das ist ein Grund, warum wir von Business Network International (BNI) Tirol den Gletscherbrunch ins Leben gerufen haben. Im Oktober fand er zum dritten Mal statt. Treffpunkt war dieses Mal das Gourmetrestaurant Schaufelspitz. Der Gault-Millau-Guide 2018 hat diese Location mit 15 Punkten und zwei Hauben prämiert.

Alles auf höchstem Level

Aber nicht nur deshalb war das ein Netzwerk-Event auf höchstem Level! Wann hat man schon mal die Gelegenheit, am Stubaier Gletscher auf 3210 m mit Sicht auf 109 Dreitausender in strahlendem Sonnenschein bei einem Glas Prosecco und exzellenter Küche Geschäftskontakte zu knüpfen und zu pflegen? Von Jahr zu Jahr hat sich die Teilnehmerzahl für den Gletscherbrunch vergrößert. Jetzt waren es schon hundert Unternehmer. Fünfzig davon hatten keine weite Anreise, sie kamen aus dem Tiroler

Umland. Die anderen fünfzig hatten den Weg aus ganz Europa auf sich genommen.

Neuer Blick auf den Alltag

Zur atemberaubenden Aussicht, der traumhaften Verpflegung und der Gelegenheit zum Netzwerken gab es Vorträge auf höchstem Niveau von Harald Lais, Geschäftsführer von BNI Deutschland und Frederik Malsy, Geschäftsführer von BNI Wiesbaden/Mainz und Experte für strategisches Empfehlungsmarketing. Die Feedbacks zeigen, dass viele Teilnehmer auf unterschiedlichen Ebenen von unserem Alpen-Netzwerk-Event profitiert haben. Zum Beispiel haben sie in der Bergwelt einen neuen Blick auf ihren Alltag bekommen. Vielleicht hat der ein oder andere auch für sich entdeckt, dass ein Ausflug in die Berge eine gute Möglichkeit sein kann, aufzutanken und neue Energie und Weitsicht zu bekommen, so wie ich es für mich immer wieder erlebe.

Mein großes Glück

Als ich vor fünf Jahren nach Tirol kam und gemeinsam mit Corinna Schachner die Geschäftsführung von BNI Tirol übernommen habe, war das für mich ein großes Glück. Nicht nur, aber auch wegen der Nähe zu den Alpen, wo ich schon immer Entspannung und Ausgleich von meinem stressigen Alltag gefunden habe. Ich liebe die Berge einfach. Dass diese Liebe noch getoppt werden könnte durch die einer hübschen Tirolerin, hatte ich damals nicht zu hoffen gewagt. Aber genauso ist es gekommen. Mittlerweile haben wir eine zweieinhalbjährige Tochter. In Tirol fühle ich mich zu Hause, hier bekommt mich keiner weg!

Meine Netzwerk-Vision

Es gibt in unserer Region ja auch noch genügend zu tun in Sachen "Netzwerken". Ein Schwerpunkt meiner Arbeit ist, ein Umdenken bei den Unternehmerinnen und Unternehmern zu erreichen. Weg von der alten Prägung, dass man nur auf sich selber und den eigenen Erfolg schaut, hin zum Miteinander und Füreinander, wie es das BNI – Motto "Wer gibt, gewinnt" auf den Punkt bringt. Da sind wir mit unseren wöchentlichen BNI-Gruppen auf einem guten Weg. Das Jahreshighlight, der Gletscherbrunch, wirkt sich natürlich auch sehr positiv aus. Denn wie schon erwähnt: In den Bergen sein und die Weitsicht genießen, tut immer gut!

Einen schönen Eindruck vom Gletscherbrunch 2018 finden Sie in dem brandneuen Video unter diesem Link:
https://www.youtube.com/watch?v=E9MWc9OC5AI

Gegen den Trend: Ahoi Leipzig – Das Stadtmagazin seit einem Jahr erfolgreich mit monatlicher Print- Ausgabe

Ein Gastbeitrag von Stefan Felgenhauer, Herausgeber Ahoi Leipzig – Das Stadtmagazin für Leipzig und Region vom 30.04.2019

Große Tageszeitungen haben in den letzten zehn Jahren rund ein Drittel ihrer Auflage verloren. Auch den Zeitschriften geht es nicht besser. Der Niedergang der Printmedien ist für viele beschlossene Sache. Aber nicht für mich! Ich glaube an Print! Das liegt sicher auch daran, dass ich 18 Jahre lang in unterschiedlichen Medienhäusern in Nord-, West- und Ostdeutschland gearbeitet habe!

2016 habe ich mich als Berater in dieser Branche selbstständig gemacht. Damals entstand der Wunsch, ein eigenes Produkt auf den Markt zu bringen. Während alle anderen in der Medienbranche die Zukunft im Online-Bereich sahen, stand für mich fest, dass ich – völlig antizyklisch – ein hochwertiges Stadtmagazin in gedruckter Form herausbringen wollte.

Leipzig, wo ich mittlerweile lebte, war wie geschaffen für meine Ideen: Diese Stadt entwickelt sich, sie wächst. Viele Großunternehmen wie z.B. DHL, Porsche und BMW haben sich hier niedergelassen. Der Tourismus in der Messestadt boomt. Leipzig hat so viel zu bieten und die weltoffenen, liberalen

Leipzig: Frisch, freundlich, wasserreich

Bewohner können noch zuhören! Für sie wollte ich gerne etwas Neues schaffen.

Vor einem Jahr, im Mai 2018, erschien die erste Ausgabe "Ahoi Leipzig – Das Stadtmagazin für Leipzig und die Region". Manch einer wunderte sich über das maritim klingende "Ahoi". Dabei ist das gar nicht geographisch festgelegt. Das frische und freundliche "Ahoi" sagt man zwar oft im Norden, aber auch bei uns in Sachsen und im benachbarten Tschechien hört man es. Unser Logo mit weißer Schrift auf blauem Grund weist darauf hin, dass unsere Stadt wasserreich ist. Die Flüsse und auch der Stadthafen sind bei uns immer Thema.

Infos rund um Kunst, Kultur, Familie und Sport

Jeden Monat liegt das kostenlose Hochglanzmagazin "Ahoi Leipzig" an rund 470 Stellen, z.B. in Restaurants und Arztpraxen, in und um Leipzig aus. Demnächst sogar in allen Filialen des Drogeriemarktes "dm". Auf rund 50 Seiten präsentieren wir eine bunte Mischung aus Informationen rund um Kunst, Kultur, Familie und Sport mit dem Fokus auf unserer Stadt und der Region.
Acht Redakteure, die selbst eng mit Leipzig verbunden sind, sorgen für journalistische Qualität. Selbstverständlich darf in jeder Ausgabe ein ausführlicher Veranstaltungskalender nicht fehlen. Mittlerweile haben wir eine Auflage von 28.000, Tendenz steigend. Da sage noch einer etwas von "Niedergang des Print-Journalismus".

Ich glaube an Print!

Bei einem Treffen von Business Network International in Altenburg bekam ich neulich unerwartet Unterstützung bzgl. meiner Auffassung, dass Printmedien durchaus eine Zukunft haben! Der Spezialgerüstbauer Walter Stuber sieht das nämlich genauso. Er und sein Kompagnon Dirk Eckart haben mit ihren MUTMACHER- Büchern ebenfalls ein Zeichen für das Gedruckte gesetzt.

"Ich glaube an Print!" Das bedeutet aber nicht, dass wir bei "Ahoi Leipzig" auf Online verzichten könnten. Unserer Website wird bis zu 50.000 Mal im Monat angeklickt. Zurzeit arbeiten wir daran, unseren Webauftritt noch attraktiver für die User zu gestalten. Allerdings ist für uns nach einem Jahr Hochglanz-Stadtmagazin "Ahoi Leipzig" klar: Online wird immer nur eine Ergänzung sein. Unsere Leser lieben das Gedruckte!

Überfordert mit der Immobilienverwaltung? Ur-Leipzigerin hilft individuell

Ein Gastbeitrag von Katja Günther-Lerner von GP Immobilien Leipzig GmbH vom 21.04.2020

„Ich bin die, die um die Häuser tanzt!" So stelle ich mich gerne vor bei Veranstaltungen von Business Network International (BNI), ein Unternehmernetzwerk, dem ich sehr verbunden bin. Dieser Satz bringt auf den Punkt, was ich bin: Eine Hausverwaltungs-Geschäftsführerin, die nicht in das übliche Schema passt. Vielleicht liegt das daran, dass ich vor meiner Immobilienkauffrau-Ausbildung bereits als Tanzpädagogin gearbeitet habe. Eine Sinnkrise und schließlich ein Skiunfall brachten mich dazu, den Beruf zu wechseln.

Ich habe alles von der Pike auf gelernt, was mit Verwaltung und Betreuung von Immobilien zu tun hat. Dabei fiel mir schnell auf, dass von Seiten der Hausverwaltung vieles einfach gemacht wurde, ohne die Eigentümer vorher in Entscheidungsprozesse einzubinden. Das ging meiner Ansicht nach gar nicht. Ich wollte das optimieren. Aber als Angestellte war das natürlich schwierig.

Werte in eigener Firma leben

Deshalb kam mir die Idee eine eigene Firma zu gründen, in der ich meine Werte und Ansichten leben könnte. Ich fand in Marcel Stahn einen idealen Geschäftspartner, der als Rechtsanwalt für Immobilienrecht nicht nur die täglichen rechtlichen Fragen der Eigentümer beantworten kann, sondern auch alle Verträge sofort auf ihre Rechtssicherheit prüft.

Seit 2017 sind wir unter dem Namen GP Immobilien Leipzig GmbH tätig. Kurzgefasst bieten wir Mieten- und Wohneigentumsverwaltung, Gewerbeverwaltung, Buchhaltung und technische Verwaltung.

Unsere Philosophie

Ich gebe offen zu, dass wir nicht die billigsten in unserer Branche sind. Das hat seinen guten Grund: Wir gehen ganz individuell auf unsere Kunden ein. Wir übernehmen alles von A-Z im Bereich Hausverwaltung, was gewünscht wird. Vor einiger Zeit wunderte sich ein Eigentümer über den ungewöhnlich hohen Anstieg der Heizkosten in seinem Objekt. Wir gingen der Sache auf den Grund. Schnell stellten wir fest, dass es an den Grundgebühren des Versorgers lag, der auf falschen Werten basierte. Durch uns kann unser Kunde im Jahr 20.000 Euro einsparen.

Transparenz gegenüber unseren Auftraggebern ist unsere Firmenphilosophie. Deshalb erstellen wir jeden Monat einen Bericht über alle Mieteinnahmen und die Kosten der Versorgungsträger. Aus meiner Erfahrung heraus ist mir wichtig, dass unsere Eigentümer immer mitentscheiden.

Von Herzen lokal

Unser Aktionsradius beträgt maximal 50 km um Leipzig herum. Als Ur-Leipzigerin kenne ich die Stadt „in und auswendig“ und ich finde nach wie vor, dass man hier sehr gut leben kann. Leipzig ist eine kleine Perle, wie Goethe schon sagte: Mein Klein-Paris!

Aber das ist nicht der einzige Grund, warum wir aus Überzeugung regional arbeiten. Nur so ist es möglich, dass wir nicht nur unsere Eigentümer persönlich kennen, sondern auch alle unsere zu verwaltenden Einheiten. Zur Zeit sind das rund 1200. Wir betreuen Objekte ab acht Einheiten bis hin zu Wohn- und Gewerbe-Mischobjekten wie z.B. das neue Kaufhaus Held mit 74 Wohneinheiten und 15 Gewerbekunden.

BNI als Hauptgewinn

Dass wir innerhalb von drei Jahren so durchstarten konnten, verdanken wir auch Business Network International (BNI). Gleich am Anfang wurde mir das Unternehmernetzwerk von einem Küchenbauer empfohlen. Zunächst habe ich mich dagegen gesperrt. Für mich war das auf den ersten Blick alles zu strukturiert bei BNI. Die Mitglieder der Leipziger Gruppe „Via Regia“ zeigten mir, dass ich trotzdem hierher passe. Walter Stuber ist einer von ihnen. Unglaublich, was dieser Mann für Ideen hat – und dann geht er los und setzt sie in die Tat um! Großartig!

Aber nicht nur aus menschlicher Sicht habe ich von BNI profitiert: Für unsere Firma war und ist dieses Unternehmernetzwerk wie ein Hauptgewinn! Wir haben dadurch Kontakte zu vielen zuverlässigen Firmen und Geschäftspartnern bekommen, die enorm hilfreich sind für unsere Arbeit und ein Gewinn für unsere Kunden. Deshalb bin aus voller Überzeugung Mitglied bei BNI und man kennt mich dort – wie gesagt – als „Die, die um die Häuser tanzt!“

Eine weitere verrückte Idee: Unser Malbuch „Handwerks-Power“

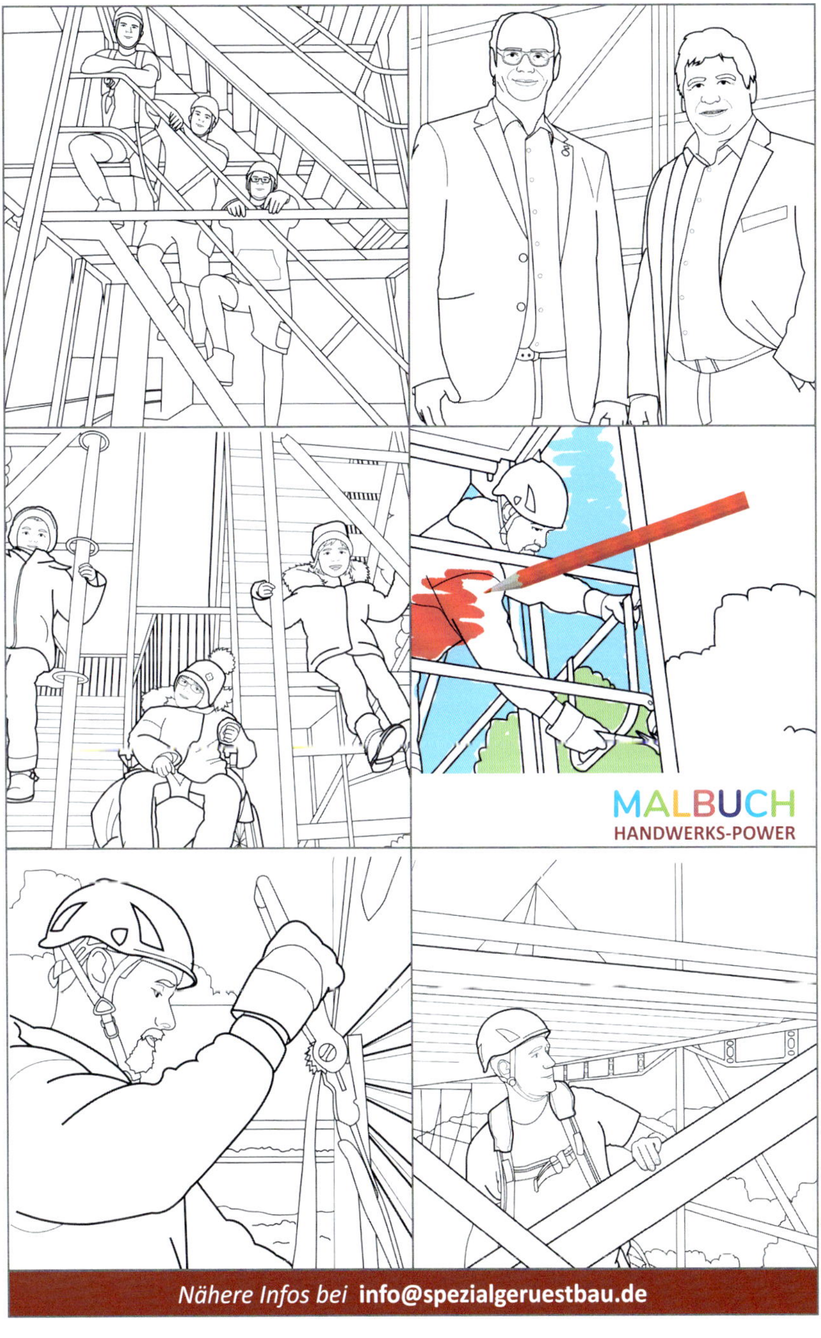
MALBUCH
HANDWERKS-POWER
Nähere Infos bei info@spezialgeruestbau.de

Arbeit muss Spaß machen!

Ein Gastbeitrag von Karl Matter von www.bautrocknung-matter.de vom 14.03.2018

Plädoyer für einen Führungsstil der "Langen Leine"

"Unsere Kunden sollen sich schon auf den nächsten Wasserschaden freuen, weil sie dann wieder mit uns rechnen können!" Meine Mitarbeiter mögen diese Aussage von mir nicht besonders gern. Aber ich stehe dazu! Denn das ist meine Überzeugung: Mit uns an der Seite ist ein Wasserschaden nur halb so schlimm!

Das liegt vor allem an der Kompetenz und Freundlichkeit unseres Teams. Die Kunden sehen, dass wir unser Handwerk verstehen und dass bei uns ein gutes Betriebsklima herrscht. Bautrocknung Matter hat den Ruf, dass es Spaß macht, hier zu arbeiten. Das höre ich als Chef natürlich sehr gerne. Ich führe das darauf zurück, dass ich meine Mitarbeiter achte und ihnen viel zutraue. Eigenverantwortliches Arbeiten ist für mich das A und O, seit ich Ende der 1980er Jahre die Geschäftsleitung von meinem Vater übernommen habe.

Wöchentliche Schulung für alle Mitarbeiter

Deshalb lege ich auch sehr viel Wert auf Weiterbildung. Jeden Dienstagmorgen von 8.00 bis 8.30 Uhr gibt es eine Videoübertragung von unserem Hauptsitz in Echterdingen aus in unsere Niederlassungen. Es gibt eine Teilnahmepflicht. Meist schult mein Schwager Rolf Gohr, oder wir laden einen Dozenten ein. In den 30 Minuten wird z.B. Fachspezifisches behandelt, wie "Ladungssicherheit" oder "ISO Zertifizierung". Es gibt aber auch Anleitungen zur Gesundheitsförderung oder Tipps zum Umgang mit Bauleitern. Es besteht auch die Möglichkeit, Fragen zum Vortrag oder zu Themen, die alle betreffen, zu stellen. Im Anschluss an die Videokonferenz gibt es für alle Mitarbeiter Leberkäs-Wecken. Danach geht es an die Arbeit. Wenn ein Mitarbeiter krank ist, kann er die Schulung später auf Video anschauen, damit er auf dem gleichen Wissensstand ist wie seine Kollegen.

Ich bin ersetzbar!

Ich weiß, dass ich gute Leute in meinem Team habe, die will ich zum Zuge kommen lassen. Es läuft auch ohne mich bestens! Ein Grund, warum ich guten Gewissens mehrere Wochen Urlaub machen kann. Ohne diese Einstellung wäre auch mein ehrenamtliches Engagement beim CVJM, dem Gideonbund http://gideons.de/, im Kirchengemeinderat oder beim Verein www.hoffnung-und-hilfe.de nicht möglich. Das ist ein überkonfessionelles christliches Missionswerk, das Menschen in den GUS-Staaten und den Ländern des ehemaligen Ostblocks mit Hilfslieferungen unterstützt.

In unserem Firmensitz in Echterdingen haben wir eine Sammelstelle für gebrauchte Kleidung eingerichtet. Jeden 1. Samstag im Monat, nach einem Frühstück, transportiert ein ehrenamtliches Mitarbeiterteam das Gesammelte in den Schwarzwald zur Hauptstelle von "Hoffnung und Hilfe".

Ehrenamtlicher Hilfsgütertransport als persönlicher Gewinn

Elf Mal bin ich schon mit einem LKW voller Hilfsgüter nach Kasachstan gefahren. Das war jedes Mal ein Abenteuer. Zugegebenermaßen nichts für dünnhäutige Menschen, weil man viel Elend sieht. Aber für mich waren es immer wertvolle Erfahrungen. Seitdem versuche ich noch bewusster, alles aus Gottes Hand zu nehmen: Erfolg und Krisen, egal ob beruflich oder privat. Natürlich freue ich mich über die Dinge, die gelingen, sehr. Aber besonders lehr- und hilfreich waren die schweren Zeiten in meinem Leben. Früher habe ich schnell gesagt: "Stell dich nicht so an!". Nachdem ich selber durch meine Scheidung eine tiefe Krise erlebt habe, bin ich barmherziger und verständnisvoller geworden für Menschen um mich herum, denen es nicht so gut geht.

Der Job – Mehr als "notwendiges Übel"

Aber für eines habe ich nach wie vor kein Verständnis: Wenn montagsmorgens schon die Tage bis zum Wochenende gezählt werden! Als ob Arbeit immer etwas ganz Furchtbares wäre! Das widerspricht meiner Devise: Arbeit muss Spaß machen! Das soll nicht nur für mich persönlich gelten, sondern auch für alle meine Mitarbeiter! Dafür setze ich mich gerne ein – auch zum Wohle unserer Kunden!

Das große Geschenk der Freiheit

Ein Gastbeitrag von Kerstin Schilling vom 20.03.2018

Mehr als 28 Jahre ist es her, dass die Berliner Mauer fiel. Am 5. Februar 2018 wurde der "Zirkeltag" gefeiert. Das heißt, seitdem ist die Mauer länger aus Deutschland verschwunden, als sie "Ost" und "West" getrennt hat. Noch immer empfinde ich große Dankbarkeit für die Freiheit, die aus diesem Ereignis entstanden ist. Seitdem habe ich z.B. Zugang zu allen gewünschten Informationen, und ich kann mein Glück völlig selbstbestimmt suchen!

Heute ist das in Deutschland selbstverständlich. Aber es gibt noch viele Länder auf der Welt, in denen die Machthaber das immer noch verhindern. Dort kann nicht jeder das Internet nutzen und wenn, dann ist der Zugriff nur auf bestimmte Seiten möglich. Freiheit ist ein hohes Gut. Das will ich nicht vergessen!

Die Wende als glückliche Wendung

Daher meine Dankbarkeit, aber auch, weil ich als DDR-Bürgerin auch anderes erlebt habe. Wie es ist, wenn man nicht in "das System" passt, wurde mir besonders deutlich, als ich mein Mathematik- und Physikstudium abgeschlossen hatte, eine Referentenstelle in der Technischen Hochschule hatte und mein erstes Kind auf die Welt kam. Wie üblich, sollte es schnell in die Krippe gehen, damit ich wieder arbeiten konnte. Es stellte sich leider in kurzer Zeit heraus, dass unsere Tochter die Krippe in keiner Weise akzeptierte. Mit dem Ergebnis, dass sie zu Hause bleiben musste – und ich natürlich auch! Völlig ungewöhnlich für damalige DDR-Verhältnisse. Bald kam unser zweites

Kind. Wie es für mich arbeitsmäßig weitergehen würde, musste ich zum Glück nicht mehr überlegen: Durch die Wende boten sich viel bessere Möglichkeiten für die Kinder als zuvor, sodass ich beruflich wieder durchstarten konnte. Zunächst arbeitete ich bei der Friedrich-Ebert-Stiftung, danach für die Leipziger Messe. Dann wechselte ich zum E-Commerce-Software-Anbieter Intershop. Dort habe ich u.a. große Events in den USA organisiert. Hier wurde mir ganz neu bewusst, dass ich Deutsche bin, Europäerin, genauer gesagt: dass ich von Herzen gerne Sächsin bin!

Eigene Agentur

Als ich 2003 eine eigene Agentur gründete, war klar, dass sich meine Liebe zu meiner Heimat im Namen widerspiegeln sollte. So kam es zu "Eastsidestory". Leider war der Name schon anderweitig belegt, sodass ich nach einer Abmahnung nochmal umdisponieren musste. "Bestsidestory" ist für mich dennoch nicht "zweite Wahl". Damit verbinde ich den Gedanken, dass der Osten die beste Seite ist!
Vom Online-Marketing über den Bestellprozess bis zum Versand inklusive passender Werbemittel bieten wir unseren Kunden alles aus einer Hand www.bestsidestory.de. Dabei nutzen wir Magento, die weltweit am schnellsten wachsende E-Commerce-Plattform mit über 200 Solution-Partnern, 250.000 weltweiten Händlern und Marken und einer Vielzahl von Industriepartnern, die Anwendungen und Extensions entwickeln, die wir für unsere Kunden nutzen können.

Spezialisten für Online-Shops

Persönliche und individuelle Beratung und Betreuung sind für mich und meine 16 Mitarbeiter das A und O. Online-Shops müssen genau auf den Kunden zugeschnitten und kurzfristig profitabel sein. Unser Schwerpunkt liegt bei klein- und mittelständischen Unternehmern, die ihre Produkte selber vertreiben wollen, wie zum Beispiel ostdeutsche Winzer.
Aufgrund der Steillagen der Weinberge sind die Mengen, die hier produziert werden, nicht groß genug, um über den Einzelhandel zu vertreiben. Hier hat sich der Online-Vertrieb als beste Verkaufsmöglichkeit herauskristallisiert. Denn Bestellungen per Telefon sind nicht nur zeitintensiv sondern auch fehleranfällig. Klaus Zimmerling in Pillnitz www.weingut-zimmerling.de ist ein gutes Beispiel dafür, wie sich so ein Winzer-Shop erfolgreich präsentieren kann.

Voneinander profitieren

Durch meine Arbeit vernetze ich ständig Menschen miteinander. Eine besondere Form des Netzwerks habe ich vor einem Jahr entdeckt: Business Network International (BNI). Dabei wollte ich erst gar nicht zu dem Frühstückstreffen gehen. Ich hatte ähnliche Veranstaltungen kennengelernt, die mir und meinem Business nichts gebracht haben. Eigentlich bin ich nur aus nostalgischen Gründen der Einladung nach Markkleeberg gefolgt, denn in diesem Städtchen wurde ich geboren, und ich war schon lange nicht mehr dort gewesen.

Schnell wurde mir klar: Das hier ist keine gemütliche Quatschrunde (obwohl ich mich sofort wohl fühlte)! Die rund 40 Unternehmer wollten konkrete Abschlüsse und effektive Vernetzung. Das war für meine Agentur ein Gewinn! Auch ich persönlich profitiere von diesen rund anderthalb Stunden einmal in der Woche: Es tut mir gut, mit Menschen zusammen zu sein, die wissen, was es bedeutet, Verantwortung für ein Unternehmen zu tragen. Mittlerweile bin ich Schatzmeisterin im Chapter Via Regia in Leipzig.

Filmemacher aus Leidenschaft mit positiver Message

Ein Gastbeitrag von Lawrence Richards, Geschäftsführer der Filmproduktion indievisuals vom 22.01.2019

Filmideen suchen, Konzepte erarbeiten, drehen, schneiden und dann den fertigen Film präsentieren: Das ist mein Beruf und meine große Leidenschaft dazu. Egal was die Kunden wünschen: Imagefilm, Mitarbeitermotivation, Event-Dokumentation, Reportage, Porträt oder einen Film über Wohltätigkeitsaktionen – ich mache alles mit Herzblut.

Am liebsten setze ich Projekte um, die nachhaltig sind und eine positive Message pushen. Zum Beispiel die Spot-Serie zu Migration und Integration für das Deutsche Rote Kreuz Hessen, der Charity-Film "Right to See" oder die Produktionen, die wir für die Stiftung von Business Network International (BNI) produziert haben.

Filmemacher entdeckt das Business-Netzwerken

"Wer gibt, gewinnt!", das Motto von BNI, gilt nämlich nicht nur für die Mitglieder des weltweiten Netzwerkes untereinander. Durch die BNI Stiftung werden Kinder und junge Menschen in der ganzen Welt unterstützt, vor allem auf dem Weg ins Berufsleben. Was da alles geleistet wird, davon konnte ich mich bei den Dreharbeiten in unterschiedlichen Erdteilen selbst überzeugen.

Vor gut acht Jahren hat mich ein Freund auf BNI aufmerksam gemacht. Bis dahin waren Business-Netzwerke nichts für mich. Wir aus der Filmszene ticken ja ganz anders als bodenständige Unternehmer, dachte ich immer. Ich ging trotzdem zu einem BNI-Frühstückstreffen und zu meiner eigenen Überraschung habe ich mich von Anfang an wohl gefühlt. Es lag auf der Hand, dass Netzwerken hier funktioniert! Nicht nur interessante Aufträge habe ich über die Kontakte bekommen. Dank BNI hat sich mein nationaler Aktionsradius auf das Internationale erweitert.

Kindheit mit alten Hollywood-Streifen und Theaterluft

Meine Liebe und Leidenschaft zum Film wurde schon in Kindertagen angebahnt. Daran war mein Opa "schuld". Er hat mir viele alte Hollywood-Filme gezeigt. Die fand ich mehr oder weniger interessant. Noch spannender war für mich das Theater. Als Sohn des Opernsängers John Treleaven durfte ich sogar mit auf die Bühne, habe schon als Kind in unterschiedlichen Stücken gesungen und getanzt. Diese Fantasiewelt hat mich fasziniert und geprägt. Als es dann irgendwann darum ging, wo ich mich beruflich sehen würde, war schnell klar, dass ein Bürojob nicht zu mir passen würde.

Opernsänger – das wäre eine Option gewesen. Aber dann habe ich jemanden getroffen, der mich so mit seiner Begeisterung und Leidenschaft für das Filmemachen angesteckt hat, dass ich das auch machen wollte. Von da an war ich "der Typ, der seine Kamera überall dabei hat"! Ich studierte Film- und Theaterwissenschaften. Später habe ich zusätzlich noch einen Bachelor in Filmproduktion gemacht. Noch während des Studiums gründete ich zusammen mit Kollegen www.indievisuals.de als studentisches Projekt. 2008 habe ich mich mit dieser Filmproduktionsfirma selbstständig gemacht.

"Son of Cornwall" – Die Lebensgeschichte von Vater John als Film

Vor mehr als zehn Jahren entstand die Idee für ein ganz besonderes Filmporträt über das coole Leben meines Vaters John. Ein Junge aus Cornwall wird im Kirchenchor entdeckt und macht als Opernsänger Weltkarriere. Besser hätte sich das Hollywood nicht ausdenken können. Irgendwann war es soweit, und ich reiste mit meinem Vater an die Orte, die ihn geprägt haben. Wir drehten dort und ich stellte ihm viele Fragen. Langsam begann ich zu verstehen, wie er zu dem Menschen geworden ist, der er heute ist.

Zur Finanzierung startete ich einen Crowdfunding-Aufruf im Internet.

Die Resonanz war groß. Einer, der sofort begeistert war, war Walter Stuber. Ich hatte ihn vorher nur kurz auf BNI-Konferenzen getroffen. Dass er mich ziemlich spontan mit einer großzügigen Spende unterstützte, hat mich überwältigt.

Im Moment schneide ich "Son of Cornwall". Dieser für mich ganz besondere Film soll und muss unter die Menschen! Nicht nur in unserer Heimatstadt Wiesbaden und bei nationalen Filmfestivals. Ich träume davon, dass eines Tages "Son of Cornwall" bei den Filmfestspielen in Cannes und bei der Berlinale gezeigt wird.

Träume, die wahr werden können

Aber nicht nur mit dieser sehr persönlichen Produktion will ich etwas erreichen. Mein Ziel ist es, möglichst mit allem, was wir produzieren, Menschlichkeit, Nachhaltigkeit und Verantwortungsbewusstsein zu transportieren – und damit dazu beizutragen, dass unsere Welt ein bisschen besser wird.

Walter Stubers Botschaft und was Sie für Ihre Öffentlichkeitsarbeit daraus lernen können

Ein Gastbeitrag von Manuela Kuhlmann, Expertin für Öffentlichkeitsarbeit vom 30.07.2019

Warum verpuffen Ihre Social Media-Bemühungen? Warum schaffen Sie es nicht, in der Zeitung zu sein und warum werden Sie von Kunden und Branche nicht als einzigartig wahrgenommen? Öffentlichkeitsarbeit wird durch Social Media anders! Nicht Werbebotschaften zünden, sondern der Unternehmer muss sich ganz persönlich zeigen. Walter Stuber hat das verstanden. Tag und Nacht arbeitet er an seinem Personal Brand. Sie können in dieser Case Study von ihm lernen.

Wofür stehen Sie und senden Sie dies als Botschaft aus?

Diese zwei Fragen sollten Ihre Kommunikationsstrategie für die Öffentlichkeitsarbeit bestimmen.

Wenn diese Fragen nicht geklärt sind, wird Ihre Kommunikation aus dem Unternehmen heraus verpuffen. Walter Stuber hat das verstanden! Als "Personal Brand" nutzt er jede Möglichkeit zu kommunizieren und bringt so als Geschäftsführer von Gemeinhardt Gerüstbau Service sein

Unternehmen mit ins Spiel. Dabei wird er sehr persönlich: Er spricht von eigenen Erfolgen, gesteht aber auch Niederlagen ein. So kann er in einem Artikel zugeben: "Früher war ich ein Tyrann", schildert seinen Weg und räumt ein, dass er umdenken musste.

Social Media bedeutet: Der Mensch im Mittelpunkt

Fast nie geht es um Gerüstbau, immer um den Menschen. Er demonstriert seine Werte und Ideale – er zementiert sie geradezu. Auch, indem er sie neben seinem Konterfei auf seinem Blog schreibt: Walter Stuber: lösungsorientiert, innovativ, diszipliniert, herzlich, sympathisch. Wofür stehen Sie als Unternehmer und damit maßgeblich Ihr Unternehmen? Wo haben Sie das für alle sichtbar gemacht?

Genau das ist das Geheimnis gelungener Kommunikation mit Ihren Zielgruppen. Menschen wollen mit Menschen zu tun haben und nicht mit Firmen. So bloggt Walter Stuber unter seinem eigenen Namen über die Dinge, die ihn persönlich bewegen, und doch ist es das, was ihn auch als Unternehmer prägt. Seine Werte und Ideale finden sich in den Beziehungen zu seinen Kunden wieder. Er als Person prägt das Unternehmen.

Als Expertin für Unternehmenskommunikation beobachte ich fasziniert seinen Tatendrang. Keine Social Media-Plattform, auf der er nicht zu finden ist. Zwei Blogs, Facebook und Facebook-Gruppenaktivitäten, Xing, LinkedIn, Twitter und dazu noch das persönliche Engagement in Unternehmensnetzwerken wie beispielsweise BNI. Auch in der Presse ist Walter Stuber dabei. Mit seinem MUTMACHER-Buch besetzt er ein weiteres Sichtbarkeits-Projekt welches jede Menge Inhalte und Kommunikationsanlässe gibt. Er verfasst zahlreiche Gastbeiträge in Blogs und Podcasts.

Walter Stuber ist eine Marketing-Maschine, ein Netzwerk-Profi und ein Vernetzungstalent: online und offline!

Das liegt natürlich an seiner eigenen Begeisterung für die Möglichkeiten der neuen Medien, die er fast spielerisch austestet. Er selbst sagt: "Ich bin lieber zwei Stunden auf Social Media aktiv, als abends mit meiner Frau den Krimi zu schauen." Mit seiner Energie, mit seiner markanten Persönlichkeit, seinen Ideen und auch seinem Geltungsbedürfnis schafft er einen Sichtbarkeitskosmos mit Reichweite, die er natürlich strategisch nutzt. Um mit seinem Unternehmen sichtbar zu werden, seine Herzensprojekte voran zu treiben und auch anderen eine Plattform zu bieten. Sich selbst in den Mittelpunkt zu stellen, eigene (auch negative) persönliche Erfahrungen zu teilen und geradlinig seine Meinung kundzutun, fällt Walter Stuber nicht schwer. Die Niederlage als Titelthema – hätten Sie sich das getraut? Gerade in einer Erfolgskultur fällt es uns schwer, Niederlagen einzugestehen oder auch, sich von seiner persönlichen Seite zu zeigen. Doch lebenslanges Lernen, der Umgang mit Niederlagen und unsere Persönlichkeit sind es, die uns einzigartig machen. Das ist es, was uns interessant macht und Menschen – auch Kunden – anzieht.

Natürlich, Walter Stuber hat Anderen etwas voraus, doch Sie können von ihm lernen:

Case Study: Tipps für Ihre Öffentlichkeitsarbeit

IHRE ÖFFENTLICHKEITSARBEIT	SO MACHT ES WALTER STUBER
Finden Sie Ihre Botschaft.	Sich als Unternehmer als Mensch mit seinen Werten und seiner Persönlichkeit darstellen. Seine Persönlichkeit und seine Werte fließen in sämtliche Kommunikation mit ein -> Personal Brand.
Zeigen Sie sich als Menschen mit ihren Werten und die Menschen, die in Ihrem Unternehmen arbeiten.	Persönlicher Blog Gerüstbau-Blog (Mitarbeiter und Unternehmen)
Bleiben Sie kontinuierlich dran.	Zwei Blogs, Facebook und Facebook-Gruppenaktivitäten, Xing, LinkedIn, Twitter, persönliches Engagement in Unternehmensnetzwerken wie beispielsweise BNI, Rotary, Pressearbeit, Messeauftritte
Erarbeiten Sie sich eine Kommunikationsstrategie mit Content-Projekten und Kampagnen.	MUTMACHER-Projekt, Blogs

Fazit:
Sie werden kein zweiter Walter Stuber werden. Er ist einmalig. Und Sie müssen auch nicht abends auf der Couch twittern. Aber eine gute Kommunikationsstrategie, in der die Basis ihr Alleinstellungsmerkmal und Ihre Werte sind, ein solider Redaktionsplan und feste Arbeitszeiten für Social-Media helfen Ihnen, dranzubleiben und kontinuierlich Ihre Botschaft zu senden. So dass sie ankommt!

Steuerberatung und "sozialer" Gin: Ein Holländer in Halle/Saale mit besonderen Leidenschaften

Ein Gastbeitrag von Marco van den Broek, Steuerberatungs- und Wirtschaftskanzlei Henschke und Partner vom 22.10.2019

Zahlen, Zahlen, Zahlen: Das verbinden die meisten mit dem Beruf des Steuerberaters und Wirtschaftsprüfers. Das mag für manche meiner Kollegen zutreffen. Ich habe dagegen viel mit Menschen zu tun, denn ich bin die meiste Zeit in verschiedenen mittelständischen Unternehmen unterwegs. Natürlich schreibe ich auch viele Zahlen. Aber vor allem liebe ich es, Steuerrecht so zu erklären, dass jeder es versteht und anwenden kann. Diese Leidenschaft habe ich erst im zweiten Anlauf gefunden. Ursprünglich wollte ich Förster werden. Realistisch betrachtet, waren die Aussichten, in Holland einen Job zu bekommen, nicht gerade gut. Also entschied ich mich für eine Ausbildung zum Hotelfachmann bei einer großen internationalen Hotelkette.

Unerwartete Kulturunterschiede

Danach wollte ich gerne nach Deutschland versetzt werden. Ich konnte zwar ein bisschen Deutsch sprechen, wollte es aber endlich richtig lernen. So wurde ich mit Mitte zwanzig nach Bielefeld geschickt. Gerade mal 350 km von zuhause entfernt, nahm ich schnell wahr, dass es Kulturunterschiede gab! Wenn ein Holländer 80% organisiert hat, dann ist für ihn alles ok. Bei den Deutschen müssen es mindestens 100% sein. Außerdem musste ich lernen, auf die Minute pünktlich zu sein, sonst gab es Stress mit dem Chef. Wir Holländer sind da nicht so genau. Die erste Zeit in Deutschland war für mich anstrengend und kompliziert. Das hatte ich so nicht erwartet. Nach eine Weile hatte ich mich an alles gewöhnt und überlegte, wie meine Zukunft aussehen sollte. Wenn ich in dieser Hotelkette Karriere machen wollte, musste ich bereit sein, alle paar Jahre versetzt zu werden. Dass wollte ich nicht. Also machte ich 1997 einen Schnitt und ging einen ganz anderen Weg. Ich blieb in Bielefeld und studierte BWL. Nach meinem erfolgreichen Abschluss begann ich bei der Steuerberatungs- und Wirtschaftsprüfungskanzlei Henschke und Partner. 2005 konnte ich als Gesellschafter einsteigen.

Vom Hotel zum Steuerbüro

Sechs Jahre später wurde für unsere Niederlassung in Halle/Saale ein weiterer Mitarbeiter benötigt. Das war meine neue Herausforderung. Der Wechsel in den Osten fiel mir nicht schwer, denn Halle hat mir von Anfang an gefallen! Es stellte sich heraus, dass die Atmosphäre in den Firmen, in denen ich unterwegs war, viel sozialer und persönlicher war, als ich es von Ostwestfalen her kannte. Das gefiel mir. Privat fasste ich schnell Fuß und fand Freunde.

Mit Gin Gutes tun

"Gute Leute" um mich zu haben, das ist mir sehr wichtig. Und ich lade auch gerne zu mir nach Hause ein, z.B zum Whisky-Tasting. Ich mag dieses Getränk und habe schon so manchen probiert. Am liebsten ist mir der aus Schottland. Kein Wunder also, dass ich dort gerne Urlaub mache. Vor ein paar Jahren habe ich auf der Isle of Harris ein interessantes Projekt entdeckt: Die "Soziale Destillerie" in Tarbert. Sie entstand aus einer tiefen Verbundenheit gegenüber den Menschen, die auf dieser kleinen Insel leben und für die es schwer ist, ihren Lebensunterhalt zu verdienen. Ich war fasziniert!

Lebensmotto in die Tat umgesetzt

Ich hielt Kontakt mit dem Geschäftsführer, gab ihm Tipps in steuerrechtlichen Fragen, als sie expandieren wollten. Daraus entwickelte sich, dass ich seit 2016 den Alleinvertrieb für Isle of Harris Gin in Deutschland habe. Ich weiß, dass mit jeder Flasche, die verkauft wird, nachhaltig die Wirtschaftskraft der kleinen Insel gestärkt wird. Außerdem werden die natürlichen Ressourcen der Insel bestmöglich genutzt. Davon profitieren die Bewohner. Das entspricht genau meiner Lebensphilosophie: Was wir haben, ist schön, aber nicht das Entscheidende im Leben!

Ein zufriedenes, glückliches Leben führen – jeder hat das Zeug dazu!

Ein Gastbeitrag von Coach und Beraterin Marietta Lisk-Cygan, Leipzig vom 18.08.2018

Ein zufriedenes, glückliches Leben führen – jeder hat das Zeug dazu! Potenziale aufwecken – Das ist es, was ich an meiner Arbeit als Coach und Beraterin so liebe! Menschen dabei zu helfen, auf Entdeckungstour zu gehen, herauszufinden, was in ihnen steckt und nur an die Oberfläche gebracht werden muss. Das ist mein Traumberuf, den ich erst nach anderen Tätigkeiten, u.a. im kaufmännischen Bereich, gefunden habe. Aber auch das Leben und Arbeiten in unter-

"Bergen, was verschüttet ist!"

schiedlichen Ländern der Welt und vor allem meine schweren persönlichen Krisen haben mich in diese Richtung gelenkt.

Ich kann gut nachvollziehen, in welchen bedrückenden und belastenden Situationen sich Menschen befinden können. Aber das alleine reicht natürlich nicht aus, um fundierte Beratung anzubieten. Aus diesem Grund absolvierte ich 2012, kurz nachdem mein Sohn und ich aus dem Ausland nach Leipzig gezogen waren, die Ausbildung zum zertifizierten ILP-Coach (Integrierte Lösungsorientierte Psychologie) sowie Ausbildungen als Kursleiterin für LMI-Kurse im Bereich Führungskräfteentwicklung. Im letzten Jahr folgte noch der erfolgreiche Abschluss als Heilpraktikerin Psychotherapie.

Coaching für jedes Alter

Ich biete Einzelcoaching an, führe aber auch gerne Kurse mit mehreren Teilnehmern durch. Unternehmer laden mich zum Beispiel ein, um Seminare für ihre Auszubildenden zu gestalten. Hier stelle ich immer wieder fest, dass viele Jugendliche nicht wissen, was sie wollen und wo ihre Stärken liegen. "Was willst du? Wovon hast du schon immer geträumt?", frage ich dann ganz klar und bringe sie damit auf die Spur, ihre Talente, vielleicht zum ersten Mal, zu entdecken und die Motivation, ihren Weg zu gehen.

Aber auch bei älteren Klienten sind es immer wieder genau diese Fragen, die ihnen die Chance geben, sich neu zu erfinden. Jeder, der zu mir kommt, unabhängig vom Alter, hat etwas auf dem Herzen, das geklärt werden will. Selbstverständlich muss darüber gesprochen werden. Aber ich frage nicht in den Problemen herum. Denn in den Problemen steckt nicht die Lösung, die gesucht wird.

Die Frage, die Probleme löst

Diagnosen, wie sie Therapeuten stellen müssen, gibt es bei mir als Coach und Beraterin nicht. Vom Fachlichen her könnte ich das tun. Aber meine Erfahrung ist, dass sich der Klient damit selbst kategorisiert und dass von ihm aus alles nur durch diese "Diagnose-Brille" gesehen wird. Damit schränkt man sich unbewusst selbst ein.

Hilfreicher und zielführender ist es, wenn ich nach der Schilderung des

Problems frage: "Was wollen Sie stattdessen?" Damit stoße ich in meinem Gegenüber einen Prozess an, von dem ich nicht immer etwas mitbekomme, weil vieles im Verborgenen abläuft. Er oder sie muss selbst überlegen, bekommt nichts vorgesetzt. An dem Ergebnis können wir dann gemeinsam weiterarbeiten. Und am Ende kann jeder ein zufriedenes, glückliches Leben führen.

Kontakte knüpfen

Empfehlungen sind für mich als Coach ein guter Weg, um an neue Klienten zu kommen. Deshalb bin ich vor knapp drei Jahren Mitglied bei Business Network International geworden. Hier lernte ich den Spezialgerüstbauer Walter Stuber kennen. Er ist so, wie ich mir einen echten Netzwerker vorstelle. Selbstreflektiert und er lebt das BNI-Motto "Wer gibt, gewinnt". Das habe ich leider nicht immer so erlebt. Die Treffen haben mir neue Freunde und gute Kontakte beschert, aber das "Umsatz generieren", das allen Mitgliedern versprochen wird, fand bei mir in sehr überschaubarem Maße statt.

Zwar haben einige Chefs bei mir Workshops gebucht, aber die Angebote, die ich ihnen für ihre Mitarbeiter unterbreitet habe, wie Kurse zur Stressbewältigung oder verschiedenes andere, wurden nicht genutzt. Vielleicht bin ich mit falschen Erwartungen gestartet oder meine Sicht der Dinge passt nicht hierher. Ich überlege, wie es hier für mich weitergeht. Grundsätzlich sind Business-Netzwerke auch für meinen Berufszweig wichtig und sinnvoll.

Meine Herzensangelegenheit

"Was macht Sie aus? Wo liegen Ihre Stärken und Schwächen?" Diese Fragen, die ich heute meinen Klienten stelle, habe ich selbst lange Zeit durchbuchstabiert, als es um meine berufliche Neuorientierung ging. Damals wurde der Wunsch in mir wach, Menschen in Krisen und problematischen Situationen zu helfen. Dass ich heute professionell in diesem Bereich arbeiten kann, macht mich glücklich.
Meine Herzensangelegenheit ist, zusammen mit den Menschen, die zu mir kommen, Lösungen und Wege zu finden, für ein selbstbestimmtes Leben, voller Zuversicht und Lebensfreude. Alles, was sie dazu brauchen, tragen sie schon in sich. Es ist oft nur verschüttet und muss geborgen werden. Dabei helfe ich als Beraterin und Coach gerne mit.

Raus aus der Schule – rein ins Berufsleben

Du hast bald deinen Schulabschluss in der Tasche?
Super, damit ist der erste Schritt ins Berufsleben geschafft.

Jetzt solltest du dir folgende Frage stellen:
Welcher Beruf passt zu mir?

Klar ist: Du hast unzählige Möglichkeiten,
den Beruf zu finden, der zu deinen Stärken und
deiner Persönlichkeit passt. Du willst hoch hinaus?

Dann werde Gerüstbauer!

Der (Sauber-) Mann auf der Leiter

Ein Gastbeitrag von Martin Taxweiler, Service Taxweiler, Glas- und Gebäudereinigung vom 26.02.2019

Ich bin ein "Krümelkacker"! Ich schaue genau hin. Als Glas- und Gebäudereiniger komme ich damit bei meinen Kunden natürlich gut an. Schlieren, Streifen oder Flecken auf den Rahmen gibt es bei mir nicht! Reinigen ist meine Leidenschaft! Am liebsten Glas, aber auch Büroräume mit allem, was dazugehört, und Treppenhäuser.

Meine Genauigkeit hat sicher auch damit zu tun, dass ich Mathematik studiert habe. Ich musste mir das Studium selbst finanzieren und arbeitete – in der Gebäudereinigung – wie kann es anders sein! Schnell habe ich gemerkt: Reinigen – das kannst du richtig gut! Aber die Bezahlung hat mich echt frustriert.

Selbstständigkeit statt Studium

Ich brauchte aber Geld für die Studiengebühren. Mehr arbeiten war nicht drin, weil ich sonst das Studium nicht gepackt hätte. Ich musste mich entscheiden. Nach einigem Abwägen verzichtete ich auf einen akademischen Abschluss und wagte im Dezember 2017 den Schritt in die Selbstständigkeit.

Aus dem Nichts und ohne Auto ging es los. Aber mit professioneller Hilfe. Von Anfang an begleitete KIWI Consulting meine Unternehmensgründung. Eine Sache haben sie mir besonders nahegelegt: Um in der Branche Fuß zu fassen, sollte ich unbedingt bei Business Network International www.bni.de netzwerken.

Erfolgreiches Netzwerken bei BNI

Kaum zu glauben, aber schon der erste Besuch war für mich ein voller Erfolg. Ich hatte so viele Empfehlungen bekommen, dass klar war, dass ich mit Hilfe dieser Aufträge den BNI-Jahresbeitrag bezahlen konnte. Aber nicht nur aus finanzieller Sicht entschloss ich mich zur Mitgliedschaft. Das menschliche Miteinander in der Leipziger Via Regia Gruppe hat mir sofort gefallen.

Hier wurde offen und ehrlich miteinander gesprochen, Erfahrungen ausgetauscht. Vor allem ein "Vier-Augen-Gespräch", das ich vor Kurzem mit Walter Stuber führen konnte, hat mich weitergebracht. Er gab mir so viele wertvolle Tipps, wie ich mich und mein Business präsentieren kann. Das war für mich viel mehr ein Training als ein Gespräch.

Streifenfrei – vom Chef persönlich

Für mich ist klar: BNI hat meiner Firma zum Aufschwung verholfen. Mittlerweile habe ich einen Angestellten. Aktuell suche ich eine weitere Vollzeitkraft zur Festanstellung. Übertarifliche Bezahlung und Leistungszulage sind für mich selbstverständlich. Gute Leistung sollte entsprechend entlohnt werden! Außerdem werden Fahrtzeiten bezahlt!

Ich bin mir sicher, dass ich bei der Auftragslage demnächst noch weitere Mitarbeiter einstellen werde, auch für die Büroarbeiten. Am Schreibtisch verbringe ich meine Zeit nämlich nicht so gerne. Viel lieber stehe ich bei meinen Kunden auf der Leiter – und reinige die Fenster. Natürlich streifenfrei und inklusive Rahmen. Ich bin nun mal ein Praktiker und ein "Krümelkacker".

30-Stunden-Woche für Unternehmer, Umgang mit Verlusten und eine verrückte Golf-Charity-Aktion

**Ein Gastbeitrag von
Coach, Berater, Speaker,
Autor und Motivator
Steffen Becker
www.steffenbecker.com**

"5 Golfplätze in 5 Tagen auf 5 Kontinenten mit maximal 500 Schlägen zugunsten der HOPE-Stiftung!" Meine verrückte Charity-Idee wurde im April 2017 sechs Wochen nach der ersten Ideeentwicklung für mich Wirklichkeit. Damals hörte ich öfter von Unternehmern, dass sie so etwas auch gerne mitmachen würden. Auch der nächste Satz wiederholte sich häufig: *"Aber ich habe keine Zeit, eine Woche weg zu sein!"* Meine Antwort darauf lautete immer: *"Dann ist es sinnvoll, mal darüber nachzudenken, wie du deine Zeit einteilst und wie du lernst, dich freizuschaufeln, damit du beim zukünftigen Turnier dabei sein kannst."*

Das ist das Problem von vielen Selbstständigen und Unternehmern: Sie arbeiten fast rund um die Uhr **im** Unternehmen und schaffen es nicht, **am** Unternehmen zu arbeiten. Nicht selten liegt es daran, dass geglaubt wird, nur mit eigener Arbeitskraft gehe dies. Prozessabläufe sind meistens nicht dokumentiert oder werden nicht mehr so gelebt, wie sie irgendwann einmal dokumentiert wurden. Hinzu kommt noch die Aufgabe der Digitalisierung. Dies ist eines meiner Aufgabenfelder als Coach und Berater, in dem ich gerne auf unterschiedliche Art und Weise unterstütze. Um als Selbstständiger oder Unternehmer nicht immer 50 bis 60 Stunden oder noch mehr arbeiten zu "müssen", poste ich zum Beispiel regelmäßig auf meiner Facebook-Seite https://www.facebook.com/steffenbecker5 Live-Videos zum Thema "30-Stunden-Woche für golfende Unternehmer". Hier gebe ich Anregungen und Tipps weiter, wie weniger arbeiten bei mindestens gleichem Ertrag und ohne qualitative Einbußen möglich ist. Außerdem wurde eine Möglichkeit gefunden, wie eine solche Golftour Businessgeschäfte bei gleichzeitiger Absetzbarkeit der Kosten mit sich bringen kann.

Golf-Charity – Nummer 2

Das Golfen ist mir im Moment auch noch in anderer Weise wichtig: Ich bin auf der Suche nach Unternehmern, die mit mir zusammen in den nächsten Jahren das Golf- Charity-Projekt 5/5/5 durchziehen wollen. Das Besondere: Je eine Initiative für Kinder auf jedem der fünf Kontinente, auf denen wir spielen, soll unterstützt werden. Die Bewerbung für das neue Turnier wird demnächst möglich sein. Hier gibt es nähere Infos dazu: https://www.facebook.com/golfcharityprojekt/ oder demnächst auf www.golfcharityproject.com.

fair.lust-Experte

Meine Motivation für diese Charity-Projekte ist, dass ich Menschen, die es nicht so gut getroffen haben, unterstützen möchte. Das kommt sicher daher, dass ich mein Leben heute zu schätzen weiß. Wenn ich zurückschaue, gab es viele Verluste, privat wie auch als Unternehmer. Als ich 2017 mit einem Bekannten darüber sprach, wie ich damit umgehen solle, wurde mir ganz klar , dass alles, was mir widerfahren ist und was ich erlebe, einen Sinn hat.

Bei dem Gespräch damals entstand dann auch das Wortspiel "fair.lust". Verlust hat zwar seine schmerzhafte und harte Seite, er hat aber auch faire Seiten. Wir brauchen "nur" unsere Perspektive zu ändern. Manchmal muss ich Dinge verlieren oder loslassen, um Neues dazu gewinnen zu können. Derzeit im Jahr 2020 erleben wir dies mit dem Corona-Virus. Wer es schafft, in seinen Verlusten (durch Corona, die mangelnde Bewegungsfreiheit) einen Sinn auszumachen, lernt, damit leichter umzugehen. Dadurch findet man nicht nur einen Weg weiterzukommen, sondern auch einen aufzusteigen. "fair.lust" bedeutet auch: Wenn ich etwas mit Lust mache, werde ich faire Ergebnisse erzielen. Es bedeutet auch: Bei einem Neubeginn bekomme ich faire Ergebnisse, wenn ich mit Lust dabei bin.

Weiterentwickler

Meine Mission als Coach, Trainer, Speaker, Autor oder Sparringspartner ist diese: Ich möchte dazu beitragen, dass Menschen durch meine Unterstützung früher den nächsten Schritt auf ihrem persönlichen Lebensweg gehen. Das mitzuerleben, finde ich extrem cool und es treibt mich an.

Übrigens: Wie ich mich 2017 bei meinem Golf-Charity-Projekt geschlagen habe, erfahren Sie hier: https://www.facebook.com/golfcharityprojekt/

Die Welt ein kleines bisschen menschlicher und besser machen!

Ein Gastbeitrag von Susanne Hänsch, Coach und NLP-Trainerin, Hamburg vom 09.07.2019

Wir benutzen unterschiedliche Worte für das gleiche Erleben und gleiche Worte für unterschiedliches Erleben. Ist Ihnen das schon mal aufgefallen? Deshalb gibt es so viele Missverständnisse im Zusammenleben. Darum ist es sinnvoll, sich mit der Wirkung der eigenen Kommunikation zu beschäftigen, um sich und die Anderen besser zu verstehen.

Genau darum geht es – extrem zusammengefasst – beim NLP, dem Neurolinguistischen Programmieren. 2005 habe ich Business NLP bei einem Volkshochschulkurs kennengelernt. Ich war bei diesem Kurs, weil ich mich um Stellen beworben und in jedem Bewerbungsgespräch völlig versagt hatte. Nach dem Business-NLP-Kurs hatte ich sofort einen neuen Job! Das hat mich motiviert, dabeizubleiben und mehr darüber zu lernen.

Der Sprung in die Selbstständigkeit

Dass NLP auch für meinen Job von Nutzen war, merkte ich besonders, als ich 2008 als Coach und Trainerin in einem internationalen Konzern die interne Kommunikation während vielschichtiger Veränderungsprozesse begleitet habe. Damals reifte in mir der Gedanke: Das könntest du doch auch auf eigene Kappe machen! Zwei Jahre später war es soweit.

Heute kann ich sagen: Dass ich den Sprung in die Selbstständigkeit gewagt habe, war meine beste Entscheidung. Auch, wenn ich anfangs dachte: ‚Kunden, die kommen doch von alleine. Ich habe schließlich eine Website und mache sehr gute Arbeit.‘ Seitdem habe ich viel dazugelernt! Zum Beispiel, wie ich NLP nutzen kann, um mein eigenes Business, meine Coachings und Trainings zu verkaufen und wie wertvoll ein tolles Netzwerk ist. Zum Glück ist Durchhaltevermögen eine meiner Stärken.

Beim Netzwerken den Nutzen herausstellen

Nach drei Jahren als Coach und Trainerin bekam ich Kontakt zu Business Network International. Vorher war ich überwiegend in Netzwerken meiner Branche aktiv. Da brauchte ich nichts zu erklären, alle wussten, wie hilfreich Coaching ist. Das war bei BNI anders. Hier waren ganz unterschiedliche Berufsgruppen versammelt – vom Arzt über den Klempner bis zum Versicherungsmakler und Zimmermann. Ich musste neu überlegen, wie ich Sinn und Nutzen rüberbringen konnte.

Es brauchte ein gutes halbes Jahr, bis ich die ersten Empfehlungen bekam. Heute bin ich Partnerdirektorin und Mitglied beim Chapter Magnolia Hamburg-Winterhude. Hier habe ich auch Walter Stuber bei seinem Gastbesuch kennengelernt. Ich schätze sehr, wie wunderbar er Menschen und Menschlichkeit mit dem Business verbindet.

Meine Motivation

Als NLP-Trainerin begleite ich häufig Menschen, die denken, dass sie wenig Selbstvertrauen haben, sich zu viel gefallen lassen und gerne etwas verändern möchten. In dem riesigen Schatz von NLP finden wir neue Lösungsmöglichkeiten, Sichtweisen und vor allem neue gute Gewohnheiten.

Ich erinnere mich an eine Kursteilnehmerin, die nach einem Burnout von ihrem Therapeuten eine NLP-Practitioner-Ausbildung empfohlen bekommen hatte. Immer wenn es um ihre Arbeitssituation ging, ließ sie buchstäblich die Ohren hängen. Nach zwei Wochenenden (von neun) huschte bei dem Thema sofort ein Lächeln über ihr Gesicht, obwohl sich an ihrer Arbeitssituation nichts geändert hatte. Sie hatte aber gelernt, anders damit umzugehen. Deshalb arbeite ich so gerne als Trainerin! Ich glaube daran, dass ich unsere Welt ein kleines bisschen menschlicher und besser mache!

Rooibos und Brandy statt Reagenzglas und Leuchtreklame

Ein Gastbeitrag von Genuss-Expertin Ulrike Mothes vom 08.05.2018

Leipzig ist eine moderne, neugierige Stadt, in Aufbruchstimmung und der ideale Platz für Existenzgründer! Das erzählte man mir im Jahr 2010. Da war für mich klar, dass das der beste Ort für einen Neuanfang für mich sein musste. Bereits ein Jahr später eröffnete ich meinen ersten Laden: ”Vom Fass” www.vomfass.de/leipzig, in dem es feinste Essige und Öle, hochwertige Spirituosen und Weine gibt. Meine Wahl fiel deshalb auf diese Produktpalette, weil ich einen kulinarischen Umbruch im Einzelhandel wahrgenommen habe. Schon das Einkaufen von hochwertigem Essen und Trinken soll für die Kunden ein Erlebnis sein. Dazu gehören gute Beratung, genaue Kenntnisse über Zutaten und Herstellung, die Möglichkeit zu probieren und auch das Abfüllen vom Glasballon direkt in die Flasche.

Das grundsolide schwäbische Franchiseunternehmen "Vom Fass" war für mich gerade am Anfang eine große Hilfe und es ist heute noch der starke Partner an meiner Seite, der mir hilft, im Wettbewerb bestehen zu können. Ich konnte getrost alle Kontakte und Lieferanten übernehmen und wusste um die hohe Qualität der Ware. Auch im Bereich Marketing war ich dadurch sofort bestens aufgestellt. Einen großen Vorteil für mich als Franchise-Nehmerin waren und sind die Schulungen, die angeboten werden.

Ein Blick zurück

Vor einigen Jahren hätte ich es selbst nicht für möglich gehalten, dass ich im Einzelhandel landen würde! Es scheint Lichtjahre her zu sein, dass ich mich in meiner Heimatstadt Berlin für ein naturwissenschaftliches Studium mit Schwerpunkt Biologie entschieden habe. Irgendwann wurde dann allerdings klar, dass mir auf lange Sicht in diesem Bereich das menschliche Miteinander fehlen würde.

So machte ich einen Schnitt und ging zu einer Werbeagentur, bei der ich als Quereinsteigerin so ziemlich alles gemacht habe und das mit großer Freude. Trotzdem kam 2010 bei mir der Wunsch auf, etwas Neues zu wagen. Deshalb der Umzug nach Leipzig.

Auf Erfolgskurs

Nachdem "Vom Fass" gut angelaufen war, überlegte ich 2014, wie ich mich noch weiterentwickeln könnte. Ich wollte im Lebensmittelbereich bleiben. Während ich in Leipzig auch viele Touristen erreichte, sollte mein zweites Standbein etwas für die Menschen vor Ort bieten. Kurzerhand schickte ich eine Bewerbungsmappe an TeeGschwendner. Wieder ein Franchise-Unternehmen, denn das System bringt mir die meisten Vorteile. Ich vergleiche es gerne mit dem schlüsselfertigen Bauen: Ich bekomme vieles "geliefert" und kann trotzdem ganz nach meinen Wünschen auswählen. Genau ein Jahr später, im April 2015, wurde dann mein TeeGschwendner-Geschäft "Nova Eventis" in Leuna-Günthersdorf https://stores.teegschwendner.de/leuna/ eröffnet.

Seitdem bin ich in beiden Geschäften "halb und halb" – aber beide liegen mir gleichermaßen am Herzen, denn es sind meine "Kids", in die ich viel investiert habe. Zusammen mit meinen Mitarbeiterinnen und Mitarbeitern pflege ich in beiden Läden eine persönliche Atmosphäre. Nicht selten erzählen uns Stammkunden aus ihrem Leben, klagen ihr Leid oder lassen uns an ihren Freuden teilhaben. Es bauen sich Kontakte auf und genau das liebe ich! Der Nebeneffekt ist, dass zufriedene Kunden uns natürlich weiterempfehlen.

BNI – Von "alten Elefanten" profitieren

Über die Werbeagentur www.minnemedia.de stieß ich im Herbst 2017 in Leipzig auf Business Network International (BNI) "Via Regia". Ich war von dem gezielten, professionellen Netzwerken sofort angetan und wurde schnell Mitglied der Gruppe. Sowohl meine "Vom Fass"-Produkte als auch die Gschwendner-Tees eignen sich sehr gut als Kundenpräsente. Das wurde hier gut angenommen. Durch Weiterempfehlungen in andere BNI-Gruppen hinein hat sich für mich noch eine weitere Möglichkeit ergeben, neue Kundenkreise zu erschließen.

Aber nicht nur diese Seite des Netzwerkens schätze ich. Mich begeistert, dass hier Geschäftsleute mit großem Wissen und viel Erfahrung sitzen und das auch weitergeben. Ich nenne sie liebevoll "die alten Elefanten". Walter Stuber ist einer von ihnen. Von ihm habe ich z.B. gelernt, dass es nicht nur "schwarz und weiß" gibt und dass Höhen und Tiefen manchmal ganz eng beieinander liegen. Was mir an ihm besonders auffällt: Er "hat" nicht nur sein Unternehmen, er lebt es! Er ist einer meiner Mutmacher!

Mut kann ich immer gebrauchen, denn ich liebe mutige Entscheidungen, wie damals vor 8 Jahren, als ich in Berlin die Zelte abgebrochen habe und nach Leipzig gezogen bin. Und ich gebe es gerne zu: Das habe ich nicht bereut!

www.mutmacher.jetzt

Roßwein: Das ist die erste Gerüstbau-Waschstraße der Welt

vom 13.07.2020

Nahezu jede Produktion hängt davon ab, dass ihr sauberes Material für effizientes Arbeiten zur Verfügung steht. Dabei ist es egal, ob es sich um eine Produktion in der Lebensmittelindustrie handelt oder um das Werk eines Malermeisters. Ohne sauberes Material läuft nichts. Innovativ und ideenreich bietet jetzt eine neuartige Teile-Waschmaschine Alternativen zur aufwendigen Reinigung mit der Handlanze.

Schutz in Perfektion auch bei der Reinigung

Innovativ denkend und mit dem Wissen aus zwei unterschiedlichen Bereichen haben sich zwei Unternehmer im gemeinsamen Bestreben für sauberes Material zusammengetan. Zum einen ist das Dirk Eckart & Walter Stuber, die mit der Marke Schutz in Perfektion ihre Erfahrungen im Umgang mit Sicherungsmaßnahmen für die Lebensmittelindustrie beitragen. Zum anderen ist das Matthias Schultenkemper, der als Vertriebsleiter Spezialwissen aus dem Bereich Hochdruckanwendungen mitbringt.
Beide Seiten kennen die Probleme im Kampf für sauberes Material und wie gefährlich der Umgang mit der Handlanze zuweilen ist. Ein Problem beim Reinigen ist die Gefährdung der Produktion durch aufgewirbelten Schmutz und Materialreste. Innovativ ist nun der Ansatz, die verschmutzten Teile während der Reinigung von der Produktion zu trennen: sozusagen eine Waschmaschine für den Schutz in Perfektion.

Innovativ & kraftvoll: So sorgt die Waschstraße für sauberes Material

Was die Köpfe hinter Schutz in Perfektion und aus der Hochdrucktechnologie sich ausgedacht haben, kann sich sehen lassen. Die verschmutzten Teile aus der Produktion treten auf der einen Seite in die Durchlaufreinigungskabine ein. Hier empfangen sie Wasserstrahler, die mit 1000 bar Druck jeden noch so hartnäckigen Dreck wegsprengen. Am Ende kommt sauberes Material heraus, das fertig für den nächsten Einsatz ist. So innovativ die Waschstraße ist, so lange hat ihre Entwicklung gedauert. Von der Idee bis zur fertigen Produktion vergingen sechs Jahre. Rund 200.000 Euro haben der Hochdruck-Experte und der Schutz-in-Perfektion-Gründer dabei investiert. Das Ergebnis kann sich sehen lassen.

Schutz in Perfektion mit Blick auf die Arbeitssicherheit

Um den Kunden sauberes Material für ihre Produktion zu sichern, gingen die Erfinder der Teile-Waschmaschine innovativ vor. Sauberes Material alleine war ihnen zu wenig. Beim Schutz in Perfektion geht es auch um Arbeitssicherheit und Mitarbeiterschutz. Schutz in Perfektion liefert Gesamtkonzepte und stellt jetzt auch die Reinigung der Materialien sicher. Innovativ – so musste auch das Sicherheitskonzept aussehen.

Die Waschstraße ist so vielseitig wie innovativ. Sie ist schnell und effektiv im Betrieb, Dank automatischer Regelung sicher in der Bedienung und sie kann direkt neben der Produktion aufgebaut werden. Vor allem aber ist die Teile-Waschanlage ein Segen für viele unterschiedliche Gewerke. Vom Malermeister bis zum Monteur, vom Straßenbau bis zur Tierhaltung – sie alle finden Nutzen in dieser neuen Art der Materialreinigung.

Bleibt zu hoffen, dass die Köpfe hinter Schutz in Perfektion und der Teile-Waschanlage auch in Zukunft noch viele neue Ideen produzieren – innovativ zu sein, das zahlt sich aus.

Ihr Team von SCHUTZ IN PERFEKTION

PERSONEN UMWELT WERTE

"Die Frau mit den 10.000 Ideen"

Ein Gastbeitrag von Grafikdesignerin Victoria Braunschweig über Inspirationen und Netzwerken vom 11.07.2017

Ich habe eine große Sammlung von Zetteln, Notizen und Handy-Fotos mit Dingen oder Aussagen, die mich inspirieren! Das, was mancher als chaotisch empfindet, ist für mich die Quelle für neue, frische Ideen. Daraus schöpfe ich, wenn es darum geht, dass meine Kundschaft effektiv ihre Zielgruppe mit Printprodukten und/oder im Webbereich erreicht.
Erzählt mir ein Kunde etwas über sein Produkt, was die neue Werbelinie bringen und wer sich angesprochen fühlen soll, dann rattert es förmlich in meinem Kopf. Ich checke innerlich sofort ab, welche meiner gesammelten Ideen zu diesem Projekt passen könnte.

Gute Werbung braucht Zeit

Das bedeutet aber nicht, dass damit eine Werbekampagne in "Nullkommanichts" erarbeitet ist. Meine Erfahrung in den vergangenen sechs Jahren meiner Selbstständigkeit zeigt, dass gute, nachhaltige, kundenorientierte Werbung ein Prozess ist, den meine Auftraggeber und ich zusammen durchleben. Nur dann kann am Ende genau das entstehen, was gewünscht war und in das Budget passt. Dabei ist es von großem Vorteil, dass ich einen Komplett-Service anbieten kann: maßgeschneiderte Werbung, kreative Texte plus passende Fotos. Spannend sind auch die "besonderen" Aufträge, wie die Gestaltung eines Plattencovers für die Reggae&Ska Band Yellow Umbrella oder ein

Werbeplakat für PIY-Punkrock Karaoke, das ich im Propagandastil der 1970er Jahre gestaltet habe.

Freunde weiterempfehlen

Meine Kundschaft kommt aus ganz Deutschland. Seit ich vor zwei Jahren Mitglied bei Business Network International (BNI) im Dresdener Chapter Constantia von Cosel wurde http://bni-so.de/chapter-constantia-von-cosel-dresden, haben sich weitere Betätigungsfelder aufgetan. Das strukturierte Prinzip des Weiterempfehlens ist für mich schlüssig und gut.
Allerdings habe ich festgestellt, dass das am besten funktioniert, wenn ich denjenigen, den ich weiterempfehle, auch wirklich kenne! So habe ich viel Zeit investiert, um persönliche Kontakte im Chapter aufzubauen. Das hat mir nicht nur neue Freunde beschert, sondern auch viele Empfehlungen. Aber nicht nur diesbezüglich profitiere ich von BNI: Auch die angebotenen Schulungen und "4-Augen"-Gespräche bringen mich weiter.

Ein Spitzname wird zur Marke

Am Anfang meiner Mitgliedschaft hatte ich so eine Unterhaltung mit dem damaligen Chapter-Direktor Oliver Kleemeiner www.oliver-kleemeier.de. Ich wollte mir damals ein paar Tipps von ihm geben lassen, wie man noch effektiver in 60 Sekunden sein Business präsentieren kann. Dazu musste ich ihm natürlich von meiner Arbeit erzählen und woher ich meine Inspirationen für außergewöhnliche Werbemöglichkeiten bekomme.

Ich zeigte ihm meine mehr als 10.000 Handyfotos mit Ideen, die nur darauf warteten, umgesetzt zu werden. Spontan sagte Oliver Kleemeier: "Du bist die Frau mit den 10.000 Ideen!"- und schon hatte ich meinen "Spitznamen" weg, der mittlerweile zu meinem Markenzeichen geworden ist.

Medien und digitaler Stress

Ein Gastbeitrag von Ulrike Eckart vom 23.10.2019

An einem schönen Spätsommerabend saßen wir mit ein paar Gästen ganz gemütlich im Garten.

Wir redeten über dies und das und tranken den ersten Federweißen. Später kam noch ein weiterer Gast hinzu, darüber freuten wir uns alle. Kurz nach seiner Ankunft bekam dieser Gast ein privates Video per Handy zugeschickt, welches er sich sofort anschaute. Wahrscheinlich war nicht klar, dass dieses Video ca. 15 min. lief. Der Gast beteiligte sich nun nicht mehr an unseren Gesprächen, er hatte ja mit dem Film zu tun. Dies störte mich sehr, ich hätte mich gern ein bisschen mit ihm unterhalten und ihn in unsere Runde mit einbezogen.

Beim Darübernachdenken fiel mir auf, dass ich in der Vergangenheit schon einige negative Erfahrungen in puncto Unterhaltung/Kommunikation und Medien gemacht habe.

So passierte es mir beispielsweise oft, dass ich mich mit jemandem unterhielt, er einen Anruf bekam und sofort ans Telefon ging. Ich stand persönlich vor ihm, aber war nicht so wichtig wie der Anrufer. (Ich bringe natürlich volles Verständnis dafür auf, wenn es sich um einen wichtigen dienstlichen Anruf handelt.)

Ein weiteres Beispiel: Ich konnte schon einige Mütter beobachten, die ihren Kinderwagen schoben und gleichzeitig die ganze Zeit am Handy waren. Das finde ich sehr schade, denn jegliche Kommunikation mit dem Kind bleibt aus. Dem Kind wird keine Aufmerksamkeit geschenkt, die Eltern sind körperlich, jedoch nicht geistig, anwesend.

In Gesprächen mit Eltern von Schulkindern erfuhr ich oft, dass es "wahre Kämpfe" bezüglich der Nutzung des PCs oder des Handys gibt. Wenn das Kind aus der Schule kommt, möchte es sofort an den PC, da das ja alle Klassenkameraden auch tun und sie gemeinsam spielen wollen. Ein Treffen bei Freunden oder beispielsweise auf einem Spielplatz gibt es schon lange nicht mehr. Das Spielen am PC ist nun mal zeitgemäß, macht großen Spaß, und das Kind möchte natürlich auch "dazugehören". Dagegen wäre ja im Prinzip nichts einzuwenden, doch dem Kind fehlt bezüglich der Nutzungsdauer oft die nötige Kompetenz zum sinnvollen Umgang mit den Medien.

Keine Frage – wir leben in einer digitalen Welt. Unsere Kinder wachsen damit auf und es ist sicher nicht einfach, den goldenen Mittelweg zwischen Verbot und Erlaubnis zu finden.

In letzter Zeit machte ich mir viele Gedanken darüber, wie wir alle mit diesem Thema umgehen und in welchem Ausmaß wir dies überhaupt tun sollten. Klar ist auf jeden Fall, dass diese Medien, ob nun Handy, Tablet oder Mail usw. zu unserem heutigen Leben gehören und wir ohne sie in der modernen Gesellschaft nicht mehr mithalten könnten.
Aber leider scheint es oft, als würde das Leben für manche Mitmenschen nicht in der Realität, sondern eher digital stattfinden.

Vielleicht sollte jeder mal für sich schauen, ob er tatsächlich anwesend ist in seinem Leben oder ob er nur digital unterwegs ist. Wie viel Zeit er mit diesen Medien verbringt und wie viel Zeit er seinen realen Freunden widmet. Ob er seinem Gegenüber genug Wertschätzung entgegenbringt, ob er dem digitalen Dauerstress ausgesetzt ist oder auch mal "ohne" auskommen kann. Die Zeit, die wir in der digitalen Welt verbringen, wird mit Sicherheit mehr werden. Durchaus betrifft es den einen mehr, den anderen weniger. Aber ich finde, es ist in der heutigen Zeit sehr wichtig, über eine vernünftige Beziehung zu den Medien nachzudenken – jeder für sich.

Meine Zahlen für 2019

Ein Gastbeitrag von Nicole Lange vom 12.08.2019

6, 7, 8 – das sind meine Zahlen für 2019, die mich durch das Jahr begleiten werden.

Doch was hat es damit auf sich?

Seit fast 6 Jahren (Oktober) arbeite ich bei der Gemeinhardt Gerüstbau Service GmbH in Roßwein.

Am Anfang habe ich noch Baustellenunterlagen in Papierform eingescannt und digitalisiert, habe meine Kollegen oft um Hilfe bitten müssen und stand auch schon manchmal davor aufzugeben.

Doch das habe ich nicht, denn ich habe für meine Tochter zu sorgen.

Nun lege ich sämtliche Unterlagen direkt digital ab, denn jeder Kolonnenführer hat ein Tablet zum Ausfüllen. Ich arbeite in unserer Mitarbeiter-App, mit OneNote und OneDrive. Ich habe auch, und das macht mich sehr stolz, eine Urkunde mit dem Titel "Direktorin des ersten Eindrucks" erhalten.

Also, man sieht, wenn man den Mut nicht verliert, kann man vieles erreichen.

Die Zahl 7 steht für die Jahre, seit mein Mann und Papa meiner Tochter tot ist. Es war ein harter Schlag. Auch er hat bei der Gemeinhardt Gerüstbau Service GmbH als Gerüstbauer gearbeitet. Er bekam von der Firma die Möglichkeit, seinen LKW-Führerschein zu machen, und auch bei unserer Hochzeit 2010 war sein Chef Dirk Eckart mit vor Ort.

Zur Beerdigung 2012 kam eine Vielzahl von Menschen, auch Arbeitskollegen und beide Chefs Walter Stuber & Dirk Eckart waren da und nahmen Anteil. Ein sehr bewegender Moment für mich.
In diesen Monaten fehlten mir oft Mut und Kraft weiterzumachen, aber ich hatte viele Freunde um mich herum, die mir geholfen haben, über diese schwere Zeit hinwegzukommen.

Die Zahl 8 steht für meine Tochter, diese wird jetzt im Mai 8 Jahre alt und ist mein allergrößter Schatz. Sie erinnert mich sehr an ihren Vater und als ich sie mal fragte, wo sie denn einmal arbeiten möchte, sagte sie: "Ich möchte auch einmal bei Gemeinhardt Gerüstbau arbeiten". Auch bei ihr brauche ich manchmal viel Mut & Ausdauer, um mich durchzusetzen und ihren süßen Kulleraugen zu widerstehen.

Wie ihr seht, sind meine Mut-Zahlen für 2019 die 6, die 7 und die 8.

Scheitern? Das ist mir nie begegnet.
Alles, was mir begegnete,
waren vorübergehende Rückschläge.
Bill Marriot

Einen Chef als Vater zu haben ...

Ein Gastbeitrag von Suse Eckart vom 17.09.2018

Einen Chef als Vater zu haben, fand ich als kleines Kind immer cool. Manchmal brachte mir mein Papa Stifte und Tipp-Ex-Mäuse für mein Kinderzimmerbüro mit und zu jedem Fest in der Schule hingen überall Gemeinhardt-Luftballons, die er gesponsert hatte. Dass er jede zweite Person auf der Straße grüßte, war für mich normal.
Später dann, als ich in die schwierige Zeit zwischen Kindheit und Erwachsensein kam, konnte ich in den Ferien in Papas Firma arbeiten. Klar hat mich das Anstreichen von Gerüstteilen nicht gerade begeistert, aber ich konnte mir ohne großen Bewerbungs- und Organisationsaufwand ein paar Euro dazuverdienen. Von da an half ich meinem Papa jedes Jahr und wurde bald sogar ins Büro befördert, um den Telefondienst und die Mailorganisation zu übernehmen.

Du hast ja nie Zeit für uns ...

Irgendwann in dieser Zeit soll ich den Satz: "Du hast ja nie Zeit für uns, du bist ja nie da", gesagt haben, der meinem Papa bis heute im Gedächtnis geblieben ist. Ich selbst kann mich ehrlich gesagt nicht erinnern, ihm dies jemals vorgeworfen zu haben. Deshalb schlussfolgere ich heute auch für mich, dass es ein kurzer Ausbruch von Pubertät war, mich seine Position als Chef aber nie wirklich gestört oder belastet hat. Wir fuhren oft in den Urlaub und an Wochenenden waren wir ebenfalls immer auf Achse.
Auch dass die Firma in einer finanziellen Krise steckte, bekam ich kaum mit. Ich erinnere mich nur noch daran, dass meine Mutti selten, aber mit großer Sorgfalt erklärte, dass wir in dem Monat mal nicht so weit wegfahren oder diese CD und jenes T-Shirt erst später kaufen könnten. Sonderlich prägend war diese Situation aber nie für mich, denn es war überhaupt nicht schlimm, etwas nicht zu bekommen. Ich glaube, es lag

daran, dass unsere Familie von Haus aus nicht materiell orientiert ist. Wir lieben die Momente mit Freunden und die einfachen Erlebnisse, die man miteinander teilt. Und die hatten wir immer.

Selbst als Profi behandelt werden

Später, während meines Studiums, filmte und fotografierte ich hin und wieder für die Firma. Das hatte ich gelernt und damit konnte ich meinen Papa unterstützen. Und ich wurde auch als Profi behandelt, was mein Selbstbewusstsein stärkte.
Heute hat sich mein Denken über meinen Chef-Papa noch etwas verändert. Ich sehe täglich, wie sehr er sich für die Firma einsetzt und dass er auch zu jeder Zeit Spaß daran hat. Vor allem in Bezug auf die Kommunikation mit Menschen kann ich mir von ihm sehr viel abgucken. Was wichtig für ein erfolgreiches Unternehmen ist, zeigt er mir immer mal auf unterschiedliche Art und Weise. Sein Handeln hat immer einen bestimmten Hintergrund, den er nicht immer direkt preisgibt. Das fasziniert mich besonders. Er hat immer einen cleveren Hintergedanken.
Andersherum nimmt er auch meine Empfehlungen und Ideen an, wenn es um moderne Entwicklungen und Trends geht.

Immer mit dem Herzen dabei

Er behält vehement seine Menschlichkeit bei Verhandlungen mit Geschäftskunden bei. Er engagiert sich immer mit vollem Herzen und agiert eher auf einer Art Freundschaftsebene.
Natürlich arbeitet er viel und lange und ich denke manchmal, ob er sich nicht überarbeitet und lieber einen Schritt kürzer treten sollte. Doch genau wie andere Menschen nicht merken, wie die Zeit beim Lesen eines spannenden Buches vergeht, merkt mein Papa das Pensum nicht, das er täglich bewältigt, denn die Arbeit ist seine Leidenschaft. Ich hoffe sehr, dass er selbst merkt, wenn er sich ausruhen muss. Mal ganz abgesehen davon, was er für seine Angestellten tut, beschäftigt er sich mit modernen Marketingstrategien und Themen wie Wertschätzung. Und wie wichtig das ist, habe ich am eigenen Leib bei meinem Arbeitgeber erfahren müssen. Mein Papa setzt sich wirklich mit allem, was er hat, für die Menschen ein, die ihm wichtig sind. Und natürlich zählen seine Mitarbeiter auch dazu. Das vergisst man gern. Durch seine Ermutigung habe ich nun auch den Schritt in die Selbstständigkeit gewagt, und ich kann mich stets auf ihn verlassen, wenn ich eine Frage oder ein Problem habe. Danke, Papa!

Privat und im Business: Warum Dankbarkeit positiv verändert

Ein Gastbeitrag von Sabine Langenbach, Dankbarkeitsbotschafterin und Journalistin

Dankbare Menschen sind glücklichere Menschen! Dieser Satz begleitet und prägt mich. In einer Zeit, in der Motzen und Muffeln an der Tagesordnung sind, tut es gut, den Blick auf das zu richten, wofür ich „Gott sei Dank!" sagen kann. Das klingt nicht nur besser als unzufriedenes Schimpfen, mit einer dankbaren Lebenshaltung tue ich sogar etwas für meine Gesundheit und mein Wohlbefinden. Das belegen wissenschaftliche Untersuchungen.
Gründe dankbar zu sein gibt es jeden Tag genug! Leider nimmt sie nicht mehr jeder wahr, weil vieles in unserer Gesellschaft so selbstverständlich geworden ist. Manchmal hilft ein aufmerksamer Blick, wenn ich durch die Stadt gehe, um mir bewusst zu machen, wie dankbar ich sein kann. Ich will schöne Momente im Alltag, auch Unspektakuläres wie eine kurze Auszeit mit einem Buch oder den Plausch mit dem Nachbarn, bewusst wahrnehmen und dankbar dafür sein.

Eine bewusste Entscheidung

Dankbar sein funktioniert übrigens nicht nur, wenn alles so läuft, wie ich es mir wünsche. Gerade das ist die Kunst: Auch in schweren Zeiten nicht aus den Augen zu verlieren, dass es immer einen Grund zum Dankbarsein gibt. Das geht. Ich habe es selber erlebt. Unsere Tochter ist mehrfachbehindert und blind auf die Welt gekommen. Natürlich mussten wir als Familie erstmal damit zurechtkommen. Relativ schnell war uns klar: Es ist zwar anders als erwartet, aber deshalb nicht schlechter!

Ich bin unendlich dankbar für unsere Tochter. Durch sie habe ich viel gelernt. Auch im Blick auf die Dankbarkeit. Ein Beispiel: Als sie klein war, konnten die anderen Kinder in ihrem Alter immer schon viel mehr als sie. Ich hatte damals die Wahl: Vergleichen und frustriert sein oder für das dankbar zu sein, was sie schon gelernt hatte! Ich habe mich für die Dankbarkeit entschieden. Das ist auch eine wichtige Erkenntnis: Dankbarkeit ist eine Entscheidung. Denn es gibt, realistisch betrachtet, immer irgendetwas worüber ich unzufrieden sein kann.

„Die Dankbarkeitsbotschafterin"

Dankbar zu sein muss ich mir jeden Tag aufs Neue vornehmen. Da tut es gut, wenn ich immer wieder daran erinnert werde, dass es Grund zum „Gott sei Dank" sagen gibt. Daraus entstand die Idee mich als „Die Dankbarkeitsbotschafterin" zu engagieren: In den sozialen Medien, auf meiner Homepage, in Vorträgen und montags auf meinem YouTube Kanal. Hier gib es jede Woche den Montagsimpuls, der sich an christlichen Werten orientiert.
Durch meine Zusammenarbeit mit den Unternehmern Walter Stuber und Dirk Eckart bekam ich Einblick in ihre Arbeit als Chefs eines mittelständischen Unternehmens. Dadurch wurde mir deutlich: Eine dankbare Haltung ist nicht nur wohltuend im privaten Bereich, auch im beruflichen Umfeld kann Dankbarkeit einiges bewirken.

Ein neuer Firmenwert

Ich bin mir sicher: Wenn in Unternehmen Dankbarkeit als Firmenwert (neu) entdeckt wird, werden sich langfristig Veränderungen einstellen: Das Betriebsklima wird sich verbessern; Es wird weniger Grund für Neid untereinander geben; Die Krankenstände werden sinken; Das Wir-Gefühl wird stärker und die Gesprächs- und Feedback-Kultur wird sich positiv verändern.

In Vorträgen ermutige ich Unternehmerinnen, Unternehmer, Führungskräfte, Mitarbeiter und Mitarbeiterinnen gleichermaßen, die Dankbarkeit als gemeinsame Basis in ihrem Arbeitsalltag einzuüben und zu integrieren.
Jeder hat die Sehnsucht nach „einem kleinen Stück vom Glück". Wer sich bewusst entscheidet, dankbar zu sein und auch in schwierigen Zeiten nicht vergisst, wofür er oder sie „Gott sei Dank" sagen kann, der hat den Schlüssel zum persönlichen Glück in der Hand.

Daumen hoch - Wie Sie mit Wertschätzung die Arbeitsatmosphäre positiv verändern können

von Walter Stuber

Anfang des Jahres war ich noch fest davon überzeugt, dass das Thema Nummer eins für die deutsche Wirtschaft der Fachkräftemangel sei. Eine Umfrage des Onlineportals marktundmittelstand.de hat das bestätigt. 81% der befragten Unternehmen gaben das als größtes Problem an. Ich brauche nur in unsere Gemeinhardt Service GmbH zu schauen und muss zustimmen: Es fehlen qualifizierte, zuverlässige Mitarbeiter.
Ich bin allerdings auf ein noch brennenderes Problem gestoßen, das in vielen Betrieben für Schieflage sorgt, aber kaum beachtet wird: Es ist der Mangel an Wertschätzung, Anerkennung und Lob. Ich meine nicht nur die Ebene: Vorgesetzter –Angestellter, sondern auch Angestellter–Vorgesetzter, Betrieb–Lieferant, Lieferant–Betrieb, Betrieb–Kunde, Kunde–Betrieb usw. Das Miteinander sollte in allen Bereichen von Wertschätzung geprägt sein.

So sieht es in der Praxis aus

Wir zeigen unseren Mitarbeitern unsere Wertschätzung, indem wir ihnen beispielsweise Zulagen für Sportangebote, Gesundheitsprogramme und KiTa zahlen. Durch gemeinsame Feiern und Ausflüge drücken wir aus, dass unsere Belegschaft uns wichtig ist. Ob das immer genauso ankommt, weiß ich natürlich nicht.
Ein wertschätzender Umgang mit unseren Lieferanten drückt sich für uns darin aus, dass wir unsere Rechnungen pünktlich – und vollständig – bezahlen. Diese Art von Wertschätzung wäre auch von allen Kunden zu wünschen. Das klappt leider nicht immer. Wir begegnen auch diesen Kunden – wie allen anderen – auf einer wertschätzenden Ebene.

"Danke" als Zeichen der Anerkennung

Leider habe ich den Eindruck, dass Wertschätzung den Vorgesetzten/Chefs gegenüber in unserer Gesellschaft nicht besonders ausgeprägt ist. Sonderzahlungen, Weiterbildung, flexible Arbeitszeiten etc. – das alles wird oft als selbstverständlich hingenommen und mit einem "Das steht mir ja auch zu!" kommentiert. Dabei täte ein einfaches "Danke" als Anerkennung auch den Chefs mal gut.

Das gilt teils leider auch für Kunden. Da man natürlich für die Dienstleistung bezahlt wird, wird übersehen, mit wie viel Engagement alle am Werke waren. Ein Lob oder "Danke" gibt es selten. Vermutlich fällt es heute vielen schwer, Anerkennung und Wertschätzung zum Ausdruck zu bringen, weil sie das im familiären Umfeld selbst nicht erfahren und gelernt haben. Wie schade!

Wertschätzung macht Mut

Aber was hilft es, diese Dinge zu beklagen? Das bringt nicht weiter. Ich versuche weiterhin, Wertschätzung, Anerkennung und Lob in meinen Alltag als Geschäftsführer einfließen zu lassen. Das ist doch viel besser, als mit einer "Hauptsache-Ich-Haltung" durch die Welt zu gehen.
In den Unternehmernetzwerken, in denen ich aktiv bin, lebe ich das auch. Bei Business Network International www.bni.de nutze ich gerne die "Vier-Augen-Gespräche", um meinem Gegenüber Wertschätzung zu zeigen und Mut zu machen, wie es sich für einen MUTMACHER gehört. Wenn sich die Gelegenheit ergibt, lobe ich Unternehmerkolleginnen und -kollegen auch gerne in großer Runde.

Drei Wertschätzungstipps für den Unternehmeralltag

- Leben Sie als Führungskraft, was Wertschätzung im Alltag bedeutet. Seien Sie nicht enttäuscht, wenn Ihre Mitarbeiter/Kunden/Lieferanten etc. es Ihnen nicht sofort spiegeln oder danken. Zeigen Sie Ausdauer, dann merken alle, dass es Ihnen ernst ist mit der Wertschätzung.
- Suchen Sie nach neuen, originellen Möglichkeiten um Menschen in Ihrem Umfeld Anerkennung zu zeigen, z.B. durch eine handgeschriebene Postkarte, einen Gutschein für das Eiscafé, einen Blumenstrauß. Je besser es demjenigen entspricht, desto mehr zeigt es echte Wertschätzung.
- In einem Unternehmen, in dem die Kultur der Wertschätzung gepflegt wird, kann auch offen und sachlich über kritische Fragen gesprochen werden. Jeder weiß um seinen persönlichen Wert, weil er weiß, dass er/sie anerkannt wird. Deshalb braucht niemand konstruktive Kritik als Vorwurf oder Verletzung zu verstehen.

Natürlich und ohne Nebenwirkungen: Vom Kinderwunsch zum Wunschkind!

Ein Gastbeitrag von Silke Baasch, Kinderwunsch-Coach vom 10.04.2020

Überall sah ich Schwangerschaftsbäuche, Babys und Kleinkinder – und ich konnte immer nur denken: Warum ich nicht? Diese schmerzvolle Erfahrung teile ich mit vielen Menschen in Deutschland. Jedes zehnte Paar zwischen 25 und 59 Jahren ist ungewollt kinderlos.

Zwei Jahre lang habe ich vergeblich versucht, schwanger zu werden, habe alles Mögliche ausprobiert. Jeden Strohhalm ergriffen. Nichts half. Dann wurde ich ernsthaft krank und musste drei Monate raus aus dem Berufsleben. Schon vorher hatte mir mein Frauenarzt einen Termin in einer Kinderwunschklinik besorgt. Wir sahen keine andere Möglichkeit mehr.

Völlig unerwartet schwanger

Am 18.12.2001 sollte die künstliche Befruchtung stattfinden. Einen Tag vorher hatte ich noch einen Termin beim Frauenarzt, um Unterlagen abzuholen. Er machte überraschenderweise noch eine Ultraschalluntersuchung. Danach schaute er mich an und sagte strahlend: “Herzlichen Glückwunsch!”

Ich dachte, er beziehe das auf den langersehnten Termin in der Klinik am nächsten Tag. Als er dann “Wir sind schwanger!” ergänzte, konnte ich es kaum glauben. Ich war schon in der fünften Woche! Mein Traum war tatsächlich in Erfüllung gegangen. Ich war in diesem Moment der glücklichste Mensch auf Erden.

Trotz der Freude ließ mich der Gedanke nicht los, was wohl dafür gesorgt hatte, dass ich nach so vielen Fehlversuchen endlich schwanger geworden war. Diese Frage und die Suche nach den Ursachen von früheren ernsthaften Erkrankungen motivierten mich, eine Mentaltraining-Ausbildung zu absolvieren und mich in der Persönlichkeitsentwicklung zu spezialisieren.

Angst als innerer Saboteur

Tatsächlich kam ich mir dabei selbst auf die Spur: Ich war ein reines Nervenbündel. Alles hatte mit den Ängsten zu tun, die ich seit meiner Kindheit ständig erlebte. Diese Ängste mussten aufgelöst werden. Nun hatte ich effektive Techniken gelernt, um angstfrei leben zu können. Schließlich wurde ich drei Jahre nach der Geburt meines Sohnes nochmals schwanger. Vom ersten Moment an hatte ich keine Angst, dass dem Kind etwas passieren könnte. Meine Entspannung hat sich auf unsere Tochter übertragen.

Individuelles Coaching-Programm

Ich weiß aus persönlicher Erfahrung, was Angst im Kopf mit einem Menschen machen kann! Deshalb habe ich das Kinderwunsch-Intensiv-Coaching entwickelt. Sehr oft sind es die unbewussten Ängste, die verhindern, dass der Traum vom Wunschkind wahr werden kann. Dazu kommen die Handlungen, die aus der Angst heraus geschehen.

Ich begleite Paare neun Wochen lang ganz individuell. Wir arbeiten gemeinsam heraus, welche Faktoren dagegen sprechen, dass der Kinderwunsch erfüllt wird und hinterfragen, ob diese Umstände wirklich unabänderlich sind oder ob es nicht auch Ausnahmen geben kann! Zusätzlich gebe ich Anleitungen, wie die größten Ängste und Zweifel effektiv und nachhaltig beseitigt werden können.

Freiheit leben

Auch wenn sich bei einem Paar herausstellen sollte, dass medizinisch gesehen der Kinderwunsch unerfüllt bleiben wird, ermutige ich es, auch über andere Möglichkeiten nachzudenken, wie Pflegekinder oder Adoption.

Mein allerhöchster Wert ist Freiheit! Ich möchte, dass Menschen die Freiheit wieder leben und nicht die Meinung anderer Menschen als Gesetz ansehen und sich davon abhängig machen.

Kein Sprint sondern Marathon: Meine behinderte Enkeltochter Josefine, ihre Doman-Therapie und das nötige Geld

Von Walter Stuber
vom 28.07.2020

Von Sachsen nach Dänemark. Das ist eine Tour, die man nicht „mal eben" macht. Unser Sohn Ingolf, Schwiegertochter Janine und ihre beiden Töchter machen diese Fahrt zweimal im Jahr. Letzte Woche war es wieder soweit. Allerdings war nicht Urlaub der Grund.

In Svendborg wird meine mehrfachbehinderte Enkelin Josefine (9) regelmäßig von einem Therapeuten- und Ärzte-Team untersucht. Man will die Fortschritte festhalten, die durch die Doman-Therapie erreicht werden und auch neue Therapiepläne zusammenstellen, die auf den aktuellen Entwicklungsstand abgestimmt werden.

Förderung durch Doman-Therapie

Janine und Ingolf bekommen in Dänemark Anleitung wie Hören, Sehen, Sprechen und Riechen im Alltag bei Josefine gefördert werden kann und wie sie motorisch weiterkommt. Für die aufwändigen Motorik-Übungen, die nach der Schule durchgeführt werden, müssen sie von vier Helfern unterstützt werden.
Das Experten-Team riet im Frühjahr letzten Jahres dazu Josefines Ernährung umzustellen. Auf Kohlehydrate sollte möglichst ganz verzichtet werden. Es hat sich gezeigt, dass es durch die Umstellung zu wesentlich weniger Krampfanfällen kommt.

Insgesamt hat die Doman-Therapie bewirkt, dass unsere Enkelin viele Fortschritte machen konnte. Aber leider wird diese Therapie in Deutschland nicht von den Krankenkassen übernommen. Das bedeutet: Alles muss aus eigener Tasche bezahlt werden.

Nicht von den Krankenkassen anerkannt

Das fängt bei der besonderen Ernährung an, geht über die Bezahlung von speziellen Therapien, Hilfsmitteln und der Helfer für die Motorik-Übungen, bis hin zu den Kosten der Kontrolltermine in Dänemark mit der Gebühr für das Spezialisten-Team, Übernachtung, Verpflegung und Fahrtkosten. Ohne die finanzielle Unterstützung von Freunden, Bekannten und Menschen, die oft Josi gar nicht persönlich kennen, wäre das nicht zu stemmen.

Als Opa helfe ich natürlich auch. Monatlich überweise ich einen Betrag auf Josefines Spendenkonto und versuche in meinem großen Netzwerk immer wieder Unterstützer zu finden. Unsere Firma, bei der Ingolf und Janine angestellt sind, übernimmt die Fahrtkosten nach Dänemark. Ich bin sehr froh, dass mein Kompagnon Dirk Eckart das mitträgt und ihm das Wohl unserer Enkelin auch so am Herzen liegt.

So unterstütze ich Josefine

Manchmal werde ich gefragt, warum ich als Unternehmer nicht alle Kosten für die Therapie übernehme würde. In einem früheren Blog habe ich dazu schon mal Stellung genommen. Auch Chefs haben leider nicht „Geld ohne Ende". Außerdem empfinde ich eine gesellschaftliche Verpflichtung, meine finanzielle Hilfe nicht nur meiner Familie zukommen zu lassen. Andere Institutionen, wie z.B. Förderschulen und Musikschulen brauchen auch Unterstützung.

Helfen Sie mit?

Es liegt mir sehr am Herzen, dass unserer Josefine durch die Doman-Therapie die Möglichkeit bekommt ihre starke Entwicklungsverzögerung in allen Bereichen Stück für Stück zu kompensieren. Das ist kein Sprint, sondern ein Marathon. Und der soll nicht am Ende aufgrund von Geldmangel abgebrochen werden müssen!

Deshalb erlaube ich mir heute, Sie um finanzielle Mithilfe für meine Enkelin zu bitten. Insgesamt geht man von einer Summe von mindestens 200.000 Euro für die Doman-Therapie aus. Dieser Betrag kann nur auf vielen Schultern verteilt werden. Schon ein kleiner, regelmäßiger Betrag hilft. Auf Josefines Homepage (siehe Anhang) können Sie den aktuellen Spendenstand einsehen. Dort gibt es auch Infos zum Spendenkonto. Ich sage jetzt schon mal vielen Dank - auch im Namen von Josefine!

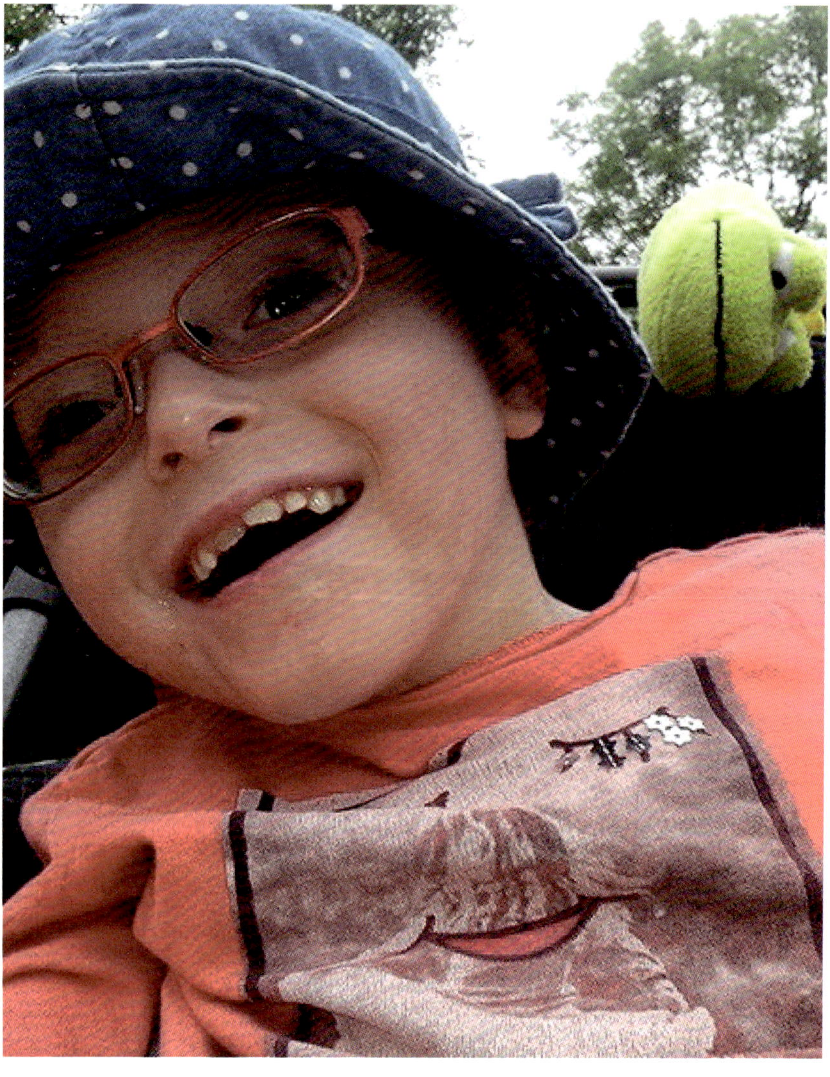

Die Praxishandbücher der zwei verrückten Unternehmer Walter Stuber und Dirk Eckart sind auf dem nächsten Level. Jetzt interviewen sie auf ihrem „YouTube-Kanal MUTMACHER“ Gäste aus unterschiedlichsten Branchen und entlocken ihnen dabei auch das ein oder andere geschäftliche oder auch private Geheimnis. Und das in nur 10 Minuten, die für die Zuschauer echte MUTnuten werden!

www.youtube.com > MUTMACHER

Informationen

Hier erfahren Sie, wo Sie mehr über unsere Gastautorinnen und -autoren erfahren und wie Sie Kontakt zu Ihnen aufnehmen können:

Alexandra Anger
www.bni-potsdam.de

Andreas Buhr
www.andreas-buhr.com, www.youtube.com/AndreasBuhrExperte

Annette Rose
www.elstermühle.de

Carsta Stromberg
www.carsta-stromberg.de

Daniela Kreißig
www.danielakreissig.de, www.adelie-award.de

Diana Enzinger
www.kanzlei-advocatia.de/rechtsanwalt-zwickau.html

Tanja Weitz
www.stickerei-weitz.de

Enrico Maggi
www.bni-tirol.at

Stefan Felgenhauer
www.ahoi-leipzig.de

Katja Günther-Lerner
www.gp-leipzig.de

Karl Matter
www.bautrocknung-matter.de

Informationen

Kerstin Schilling
www.bestsidestory.de

Manuela Kuhlmann
www.manuelakuhlmann.de

Marco von den Broek
www.henschke-partner.de, www.harrisdistillery.de/distillerie

Marieta Lisk-Cygan
coaching-beratungspraxis-marietta-lisk-cygan.business.site/

Martin Taxweiler
www.service-taxweiler.de

Steffen Becker
www.steffenbecker.com

Susanne Hänsch
www.ultravision.de

Ulrike Mothes
www.vomfass.de/leipzig, https://stores.teegschwendner.de/leuna/

Victoria Braunschweig
www.victoriabraunschweig.de

Ulrike Eckart
www.xing.com/profile/Ulrike_Eckart2/portfolio

Nicole Lange
www.xing.com/profile/Nicole_Lange51/portfolio

Suse Eckart
www.objektivbetrachtet.com

Informationen

Sabine Langenbach
www.sabine-langenbach.de, www.youtube.com/SabineLangenbach

Silke Baasch
www.silkebaasch.de

www.josefine-stuber.de
Spendenkonto Josefine Stuber Doman-Therapie
Kreissparkasse Döbeln,
IBAN DE46860554620481106642,
BIC SOLADES1DLN

Fußgängerbrücke - Bahnhof Güterglück

Notizen

MÖGLICH
MACHER
MUT
MACHER
www.mutmacher.jetzt
Eine Initiative von GEMEINHARDT GERÜSTBAU SERVICE